Dinâmicas de classe da mudança agrária

SÉRIE ESTUDOS CAMPONESES E MUDANÇA AGRÁRIA

Conselho Editorial

Saturnino M. Borras Jr
International Institute of Social Studies (ISS)
Haia, Holanda

College of Humanities and Development Studies (COHD)
China Agricultural University
Pequim, China

Max Spoor
International Institute of Social Studies (ISS)
Haia, Holanda

Henry Veltmeyer
Saint Mary's University,
Nova Escócia, Canadá
Autonomous University of Zacatecas
Zacatecas, México

Conselho Editorial Internacional

Bernardo Mançano Fernandes
Universidade Estadual Paulista (Unesp)
Brasil

Raúl Delgado Wise
Autonomous University of Zacatecas
México

Ye Jingzhong
College of Humanities and Development Studies (COHD)
China Agricultural University
China

Laksmi Savitri
Sajogyo Institute (Sains)
Indonésia

FUNDAÇÃO EDITORA DA UNESP

Presidente do Conselho Curador
Herman Jacobus Cornelis Voorwald

Diretor-Presidente
José Castilho Marques Neto

Editor-Executivo
Jézio Hernani Bomfim Gutierre

Conselho Editorial Acadêmico
Alberto Tsuyoshi Ikeda
Áureo Busetto
Célia Aparecida Ferreira Tolentino
Eda Maria Góes
Elisabete Maniglia
Elisabeth Criscuolo Urbinati
Ildeberto Muniz de Almeida
Maria de Lourdes Ortiz Gandini Baldan
Nilson Ghirardello
Vicente Pleitez

Editores-Assistentes
Anderson Nobara
Henrique Zanardi
Jorge Pereira Filho

HENRY BERNSTEIN

DINÂMICAS DE CLASSE DA MUDANÇA AGRÁRIA

Tradução
Beatriz Medina

© 2010 Fernwood Publishing
© 2011 da tradução brasileira

Título original: *Class Dynamics of Agrarian Change*

Livro pertencente à série "Agrarian Change and Peasant Studies"
(Estudos Camponeses e Mudança Agrária)

Fundação Editora da Unesp (FEU)
Praça da Sé, 108
01001-900 – São Paulo – SP
Tel.: (0xx11) 3242-7171
Fax: (0xx11) 3242-7172
www.editoraunesp.com.br
www.livrariaunesp.com.br
feu@editora.unesp.br

CIP – Brasil. Catalogação na fonte
Sindicato Nacional dos Editores de Livros, RJ

B449d

Bernstein, Henry
  Dinâmicas de classe da mudança agrária / Henry Bernstein; tradução Beatriz Medina. – São Paulo: Editora Unesp, 2011.

  Tradução de: Class Dynamics of Agrarian Change
  Inclui bibliografia
  ISBN 978-85-393-0192-8

  1. Sociologia rural. 2. Desenvolvimento rural. 3. Classes sociais. 4. Produtividade agrícola. 5. Capitalismo. I. Título.

11-7441   CDD: 307.72
                                                 CDU: 316.334.55

Editora afiliada:

Asociación de Editoriales Universitarias
de América Latina y el Caribe

Associação Brasileira de
Editoras Universitárias

Série Estudos Camponeses e Mudança Agrária da Icas

A série Estudos Camponeses e Mudança Agrária da Initiatives in Critical Agrarian Studies (Icas – Iniciativas em Estudos Críticos Agrários) contém "pequenos livros de ponta sobre grandes questões" em que cada um aborda um problema específico de desenvolvimento com base em perguntas importantes. Entre elas, temos: Quais as questões e debates atuais sobre as mudanças agrárias? Como as posições surgiram e evoluíram com o tempo? Quais as possíveis trajetórias futuras? Qual o material de referência básico? Por que e como é importante que profissionais de ONGs, ativistas de movimentos sociais, agências oficiais e não governamentais de auxílio ao desenvolvimento, estudantes, acadêmicos, pesquisadores e especialistas políticos abordem de forma crítica as questões básicas desenvolvidas? Cada livro combina a discussão teórica e voltada para políticas com exemplos empíricos de vários ambientes locais e nacionais.

Na iniciativa desta série de livros, "mudança agrária", um tema abrangente, une ativistas do desenvolvimento e estudiosos de várias disciplinas e de todas as partes do mundo. Fala-se aqui em "mudança agrária" no sentido mais amplo para se referir a um mundo agrário-rural-agrícola que não é separado e deve ser considerado no contexto de outros setores e geografias: industriais e urbanos, entre outros. O foco é contribuir para o entendimento da dinâmica da "mudança", ou seja, ter um papel não só nas várias maneiras de (re)interpretar o mundo agrário como também na mudança, com clara tendência favorável às classes trabalhadoras, aos pobres. O mundo agrário foi profundamente transformado pelo processo contemporâneo de globalização neoliberal e exige novas maneiras de entender as condições estruturais e institucionais, além de novas visões de como mudá-las.

A Icas é uma *comunidade* mundial de ativistas do desenvolvimento e estudiosos de linhas de pensamento semelhantes que trabalham com questões agrárias. É um *terreno coletivo*, um espaço comunal para estudiosos críticos, praticantes do desenvolvimento e ativistas de movimentos. É uma iniciativa pluralista que permite trocas vibrantes de opiniões entre diferentes pontos de vista ideológicos progressistas. A Icas atende à necessidade de uma iniciativa baseada e concentrada em *vinculações* – entre acadêmicos, praticantes de políticas de desenvolvimento e ativistas de movimentos sociais, entre o Norte e o Sul do mundo e entre o Sul e o Sul; entre setores rurais-agrícolas e urbanos-industriais; entre especialistas e não especialistas. A Icas defende uma produção conjunta que *se reforce mutuamente* e um compartilhamento de conhecimentos que seja *mutuamente benéfico*. Promove o *pensamento crítico*, ou seja, os pressupostos convencionais são questionados, as propostas populares são examinadas criticamente e novas maneiras de questionamento são buscadas, compostas e propostas. Promove *pesquisas e estudos engajados*; assim se enfatizam pesquisas e estudos que, ao mesmo tempo, sejam interessantes em termos acadêmicos e relevantes em termos sociais; além disso, compreende ficar ao lado dos pobres.

A série de livros é sustentada financeiramente pela ICCO (Organização de Igrejas para a Cooperação no Desenvolvimento), nos Países Baixos. Os editores da série são Saturnino M. Borras Jr., Max Spoor e Henry Veltmeyer. Os títulos estão disponíveis em vários idiomas.

SUMÁRIO

Prefácio à edição brasileira XI
Prefácio XV
Agradecimentos 3

Introdução 5
    A economia política da mudança agrária 5
    O quadro mais amplo: lavoura e população mundial 6
    Quem são os lavradores de hoje? 7
    A economia política de Marx 14

I Produção e produtividade 17
    Trabalho e natureza 17
    Divisões do trabalho e cooperação 21
    Reprodução 23
    Excedente, exploração e acumulação 26
    Economia política: quatro perguntas fundamentais 28

II Origem e início do desenvolvimento do capitalismo 31
    Características que definem o capitalismo 31
    Origem do capitalismo 1: vias de transição agrária 34

Origem do capitalismo 2: a longa marcha do
capitalismo comercial   41
Teoria e história: complexidades   44

III Colonialismo e capitalismo   **47**
Fases do colonialismo   47
Colonialismo e mudança agrária   52
Regimes de trabalho no colonialismo   64

IV Lavoura e agricultura, local e global   **73**
Da lavoura à agricultura   74
A "Metrópole da natureza" e o primeiro Regime
Alimentar Internacional (da década de 1870 a 1914)   79
Do livre-comércio ao protecionismo
(de 1914 à década de 1940)   84
O segundo Regime Alimentar Internacional
(da década de 1940 à de 1970)   85
Modernização agrícola na era desenvolvimentista
(da década de 1950 à de 1970)   89
Conclusão   92

V Globalização neoliberal e agricultura mundial   **95**
Colapso do segundo Regime Alimentar Internacional   97
Agricultura global na era neoliberal   99
O fim do desenvolvimentismo   101
O fim do campesinato?   103

VI Agricultura capitalista e lavradores não capitalistas?   **107**
"Obstáculos" à lavoura capitalista   108
Exploração: benefícios da "lavoura familiar"
para o capital?   111
O papel da resistência   115
Conclusão   121

VII Formação de classes no campo   **123**
A dinâmica de classe da "lavoura familiar"   125

Classes de trabalho   134
  Conclusão   137

VIII Complexidades de classe   **139**
  Sociologia econômica e sociologia política   139
  Lutas de classe no campo   142
  "O povo da terra"   144
  Conclusão   147

Glossário   **149**
Referências bibliográficas   **157**
Índice remissivo   **167**

Prefácio à edição brasileira

Este livro inaugura a série Estudos Camponeses e Mudança Agrária publicada pela Cátedra Unesco de Educação do Campo e Desenvolvimento Territorial, vinculada ao Instituto de Políticas Públicas e Relações Internacionais (Ippri), da Universidade Estadual Paulista "Júlio de Mesquita Filho" – Unesp. Este volume aborda o tema "dinâmica de classe da mudança agrária" a partir da leitura de Henry Bernstein, professor do Departamento de Estudos sobre o Desenvolvimento, vinculado à Faculdade de Estudos Orientais e Africanos da Universidade de Londres.

Séries ou coleções de pequenas obras sobre temas importantes são comuns em vários países. Porém, são raras as que publicam simultaneamente em línguas diferentes. Este é um dos objetivos desta série: divulgar livros básicos que contribuam com debates fundamentais, articulando estudiosos do desenvolvimento e da questão agrária de vários países em uma comunidade de pensadores críticos.

Este volume traz o ponto de vista da economia política, mas também uma perspectiva histórica, sociológica e geográfica sobre temas fundamentais como classe, campesinato, questão agrária, capitalismo, colonialismo, produção e produtividade, trabalho, dominação, resistência etc. A partir da ideia de "mudança agrária", Bernstein analisa a dinâmica de classe, apresentando sua compreensão dos processos desde a origem do capitalismo até a globalização atual.

Publicar esta obra em português reforça e amplia os debates que, no Brasil, vêm acontecendo desde meados do século passado, principalmente por meio dos trabalhos de Caio Prado Júnior, Alberto Passos Guimarães, Manoel Correia de Andrade, José de Souza Martins, José Graziano da Silva, Ariovaldo Umbelino de Oliveira e Guilherme Delgado, entre tantos outros.

Os debates sobre as transformações recentes do campo e a resistência e subordinação do campesinato à expansão do capitalismo na agricultura procuram explicar as mudanças agrárias que renovam as questões sempre carregadas de elementos do passado. Bernstein amplia tal debate ao apresentar que as singularidades das questões agrárias dos países e suas histórias carregam a questão estrutural da destruição e recriação do campesinato no processo de desenvolvimento da agricultura no capitalismo.

Logo, é muito arriscado defender o fim da pequena agricultura, camponesa ou familiar, ou o domínio total do agronegócio. Esses processos continuam e se renovam em suas contradições, como também mostra o autor. Os estudos das dinâmicas, mudanças ou transformações permitem explicar seus processos e tendências, que levam os pesquisadores a defenderem diferentes posições a partir de seus modelos interpretativos.

Esses modelos representam as diferentes visões contidas nos paradigmas da questão agrária e do capitalismo agrário que contribuem para explicar as dinâmicas e as mudanças das classes no mundo agrário, que é cada vez mais indissociável do mundo urbano.

As contribuições de Bernstein estão na visão panorâmica das transformações agrárias que oferece neste livro e as provocações que faz sobre a questão do campesinato, da classe e das perspectivas. Evidente, como afirma o próprio autor, esta não é uma obra para aprofundamento da questão agrária, mas sim para iniciar as leituras sobre o tema a partir de uma visão global com rápidas ilustrações de casos para reflexão.

Bernstein nos deixa várias questões para pensar, mesmo quando é contundente, como por exemplo quando enfatiza que o emprego do termo "campesinato" deve ser restringido às análises – e não aos usos normativos – e apenas às condições históricas referentes às sociedades pré-capitalistas. Este é um exemplo do modelo interpretativo do autor.

A Editora Unesp publicou recentemente uma coleção de nove volumes sobre a História Social do Campesinato Brasileiro, na qual os autores apresentavam uma compreensão do campesinato como um sujeito que carrega em sua história a perspectiva camponesa, portanto é também um sujeito moderno e um conceito atual.

A ideia de mudança agrária é importante pela amplitude de seus sentidos. Sou mais favorável às ideias que propõem amplidão em vez de redução. Conceitos que permitem correlações ajudam mais que conceitos reducionistas – evidente que sempre mantendo a coerência necessária ao rigor científico e político. Desse modo, a mudança agrária nos ajuda a entender as múltiplas e conflituosas relações e os sentidos do campo que não podem ser compreendidos como conceito uno, mas em sua realidade diversificada: agrário, rural, agrícola, industrial, comercial tecnológico, residencial, cultural, urbano, local e mundial etc.

Outra ideia que destaco é a de "mercantilização da subsistência" que, em certa medida, pode ser associada ao processo de "produção capitalista de relações não capitalistas de produção" que José de Souza Martins estudou no regime de colonato nas fazendas de café.[1] Esse é o processo que contribui para a compreensão da subordinação do campesinato ao capital e de suas lutas de resistência, como a ocupação de terra.

Com esse exemplo, quero afirmar que é importante, ao ler este livro, ler também os estudiosos brasileiros que se dedicaram à compreensão da questão agrária, a fim de compreender melhor o Brasil e o mundo no âmbito do capitalismo agrário.

---

1 Martins, *O cativeiro da terra*.

Ao trabalhar com os assuntos essenciais da questão agrária, Bernstein instiga o leitor a compreender melhor a sua realidade. O conceito de classe é outro que Bernstein explora de modo a nos fazer repensar o campesinato e o capital. Trata-se de uma ideia em disputa, pois reconhecer o capitalista e o proletário como duas classes é fácil, mas nem sempre é consensual a identificação do campesinato como outra classe, como também não é a perspectiva da ideia de "classe de trabalho", presente neste livro.

Há diversas outras ideias para reflexão neste livro, como a da "passagem da lavoura para a agricultura" e de "regime alimentar", que nos permitem continuar o debate a respeito das leituras e disputas dos paradigmas de desenvolvimento da agricultura, da segurança alimentar e da soberania alimentar.

O tema da reforma agrária, com o qual Bernstein encerra seu livro apresentando várias perguntas, é um indicador de que a questão agrária é um dos principais problemas do mundo globalizado – e o Brasil é uma das principais referências por ter no MST o movimento camponês mais atuante. Nesse contexto não se pode ignorar a luta pela terra, que cada vez mais é uma luta pelo território, uma condição fundamental da existência do campesinato.

Boa leitura.

Bernardo Mançano Fernandes

Coordenador da Cátedra Unesco de Educação do Campo e Desenvolvimento Territorial vinculada ao Instituto de Políticas Públicas e Relações Internacionais (Ippri) da Universidade Estadual Paulista "Júlio de Mesquita Filho" – Unesp.

Prefácio

Dinâmicas de classe da mudança agrária, de Henry Bernstein, é o primeiro volume da série Estudos Camponeses e Mudança Agrária da Icas. Há pelo menos duas razões para que seja importante começar a série com este livro: a importância estratégica da lente analítica da economia política agrária nos estudos agrários de hoje e a qualidade internacional do livro. Pela qualidade da análise, ele é uma excelente referência, o que ajuda a assegurar que os volumes subsequentes terão a mesma relevância política e o mesmo rigor científico. Algumas breves palavras sobre a série esclarecerão a importância do presente volume em relação ao projeto político e intelectual da Icas.

Hoje, a pobreza global continua a ser, significativamente, um fenômeno rural; os pobres rurais constituem três quartos dos pobres do mundo. Portanto, o desafio de dar fim à pobreza global, que é uma questão multidimensional (econômica, política, social, cultural, sexual, ambiental etc.), está intimamente ligado à resistência dos trabalhadores do campo ao sistema que gera e continua a reproduzir as condições da pobreza rural. Assim, embora o foco no desenvolvimento rural continue a ser fundamental para pensar o desenvolvimento, essa preocupação não significa ignorar os problemas urbanos. O desafio é entender melhor as vinculações entre essas questões, em parte porque as vias de saída da pobreza rural abertas pelas políticas neoliberais e o esforço das instituições internacionais dominantes nas áreas de finanças e desenvolvimento simplesmente substituem, em grande medida, a pobreza rural pela forma urbana.

Muitas instituições (como o Banco Mundial) que divulgam o pensamento dominante sobre questões agrárias têm recursos financeiros para controlar a pesquisa nesse campo e produzir e disseminar amplamente publicações voltadas para a sua política. Os pensadores críticos questionam de várias maneiras essa corrente dominante, mas em geral o seu esforço fica confinado aos círculos acadêmicos, com alcance e impacto popular limitados.

Persiste, por parte de acadêmicos (professores, estudiosos e alunos), ativistas de movimentos sociais e praticantes do desenvolvimento no Sul e no Norte do planeta, uma demanda significativa por livros com rigor científico, mas acessíveis, politicamente relevantes, voltados para políticas e de preço baixo sobre estudos críticos agrários. Para atender a essa necessidade, a Icas está lançando a série Estudos Camponeses e Mudança Agrária. A ideia é publicar livros pequenos e primorosos que abordem uma questão de desenvolvimento específica com base em perguntas fundamentais. Quais as questões e debates atuais sobre esse tópico específico e quem são os principais pensadores/estudiosos e os reais praticantes da política? Como essas posições surgiram e evoluíram com o tempo? Quais as possíveis trajetórias futuras e o material de referência básico? Por que é importante que profissionais de ONGs, ativistas de movimentos sociais, agências oficiais e não governamentais de auxílio ao desenvolvimento, estudantes, acadêmicos, pesquisadores e especialistas políticos se envolvam de forma crítica com as questões principais? Cada livro combinará a discussão teórica e orientada a políticas com exemplos empíricos de vários ambientes locais e nacionais.

A série Estudos Camponeses e Mudança Agrária estará disponível em vários idiomas, em pelo menos três, a princípio, além do inglês: chinês, espanhol e português. A edição chinesa é uma parceria com a Faculdade de Humanidades e Desenvolvimento da Universidade Agrícola da China, em Pequim, coordenada por Ye Jingzhong; a edição em espanhol é coordenada pelo

Programa de Doutorado em Estudos do Desenvolvimento da Universidade Autônoma de Zacatecas, no México, sob a direção de Raúl Delgado Wise; e a edição em português, uma parceria com a Universidade Estadual Paulista "Júlio de Mesquita Filho" (Unesp), por meio da Cátedra Unesco de Educação do Campo e Desenvolvimento Territorial vinculada ao Instituto de Políticas Públicas e Relações Internacionais, no Brasil, coordenada por Bernardo Mançano Fernandes.

Dado o contexto e os objetivos, temos o prazer e a honra de ter o livro de Henry Bernstein como o primeiro da série Estudos Camponeses e Mudança Agrária: é um encaixe perfeito em termos de tema, acessibilidade, relevância e rigor. Estamos empolgados e otimistas com o futuro desta série.

Saturnino M. Borras Jr., Max Spoor e Henry Veltmeyer

Editores da Icas

Dinâmicas de Classe da Mudança Agrária

Em memória de meus pais, Esther e Harry

Agradecimentos

Em primeiro lugar, agradeço a Saturnino M. Borras (Jun Borras) pela imaginação e energia na criação desta nova série de "pequenos livros sobre grandes ideias" a respeito da mudança agrária e por me convidar para redigir o primeiro deles. Espero contribuir para o debate produtivo entre os livros planejados para a série.

Tenho uma grande dívida para com o meu antigo colega de trabalho Terence J. Byres (Terry Byres). De 1985 a 2000, ele e eu editamos juntos o *Journal of Peasant Studies* e depois, em 2001, fundamos o *Journal of Agrarian Change*, as duas revistas dedicadas ao exame da dinâmica de classe na mudança agrária, hoje e em termos históricos.

Este livro se baseia em longos períodos de pensamento sobre as questões abordadas, nos quais me beneficiei do trabalho de muitos outros. Não tento listá-los aqui; alguns, se não todos, aparecem no texto e nas referências bibliográficas. Ao escrever o livro, enfrentei questões difíceis de seleção, sumário e estilo de apresentação. Sem dúvida o resultado final é melhor do que seria sem os comentários dos camaradas que leram os primeiros esboços: Elena Baglioni, Jairus Banaji, Terry Byres, Jens Lerche e Tony Weis. Nenhum concordará com tudo aqui, cuja responsabilidade é somente minha.

Introdução

A economia política da mudança agrária

A economia política agrária, definida pela declaração de objetivos do *Journal of Agrarian Change*, investiga "as relações sociais, tanto históricas quanto contemporâneas, e a dinâmica de produção e reprodução, propriedade e poder em formações agrárias e os seus processos de mudança". O entendimento da mudança agrária no mundo moderno está centrado na análise do capitalismo e do seu desenvolvimento. Com capitalismo quero dizer um sistema de produção e reprodução baseado numa relação social fundamental entre capital e trabalho: o capital explora a mão de obra em busca de lucro e acumulação, enquanto a mão de obra tem de trabalhar para o capital para obter os seus meios de subsistência. Além dessa definição inicial e geral, e na verdade dentro dela, há muita complexidade e desafios que este livro visa examinar e explicar.

Em primeiro lugar, quero armar o cenário, apresentar a minha abordagem e identificar questões fundamentais a serem tratadas.

O quadro mais amplo: lavoura e população mundial

Tony Weis (2007, p.5) afirma que "a origem da economia alimentar global contemporânea pode ser explicada por meio de uma série de mudanças revolucionárias que tomaram forma no decorrer de milênios, depois de séculos e que agora se comprimem em meras décadas".

Milênios – Desde uns 12 mil anos atrás, uma forma ou outra de lavoura sedentária se tornou a base material da sociedade. A referência a mudanças revolucionárias ocorridas durante milênios indica que, embora fossem profundas nas consequências, as mudanças foram tipicamente graduais, em geral chamadas de "evolucionárias". As civilizações agrárias passaram a envolver a maioria dos povos da Ásia, as áreas "semeadas" do norte da África e da Europa e partes das extensões geralmente menos populosas da África Subsaariana e das Américas. Nessas sociedades agrárias, a vasta maioria dos habitantes trabalhava na terra como lavradores camponeses. Em 1750, sustentavam uma população mundial de cerca de 770 milhões de indivíduos.

Séculos – A partir da segunda metade do século XVIII, o surgimento e a disseminação da industrialização começaram a criar um novo tipo de economia mundial, a "acelerar a história" e a transformar a lavoura. Em 1950, a população mundial aumentara para 2,5 bilhões de indivíduos.

Décadas – A população mundial chegou a 6 bilhões de habitantes em 2000 (e espera-se que alcance 9 bilhões em 2050). Isso mostra o papel desempenhado pelo aumento de produtividade da lavoura, que acompanhou o crescimento populacional. E, em 2008, a população urbana global se igualou à população rural pela primeira vez e começou a superá-la.

Assim, uma parte do quadro mais amplo é o crescimento da produção de alimentos e da população mundial, principalmente desde a década de 1950. Ambos são aspectos do desenvolvimento do capitalismo e da economia mundial por ele criada. Outra parte do quadro é a imensa desigualdade global de renda e de segurança do sustento da família, de qualidade e expectativa de vida, bem como a produtividade. Embora se produza mais do que o suficiente para alimentar adequadamente toda a população do mundo, muitos passam fome durante boa parte ou quase todo o tempo.

Quem são os lavradores de hoje?

Alguns números

Conforme os países se industrializam, a proporção da força de trabalho dedicada à agricultura se reduz. Em 2000, a proporção da força de trabalho total empregada na agricultura nos Estados Unidos era de 2,1%; na União Europeia (na época com 15 países membros), de 4,3%; no Japão, de 4,1%; e no Brasil e no México, respectivamente, de 16,5% e 21,5%. Na China, a proporção da força de trabalho total empregada na agricultura caiu de cerca de 70% em 1978 para menos de 50%, o que ainda chega a mais de 400 milhões de pessoas. Com mais 260 milhões na Índia e 200 milhões na África trabalhando na lavoura – em ambos os casos, cerca de 60% da "população economicamente ativa" –, fica claro que a enorme maioria da população agrária mundial de hoje está no Terceiro Mundo, ou no Sul.

Isso é corroborado pela estimativa padrão derivada da FAO (Organização das Nações Unidas para Agricultura e Alimentação) de que hoje "a agricultura oferece emprego a 1,3 bilhão de pessoas no mundo inteiro, 97% delas nos países em desenvolvimento" (Banco Mundial, 2007, p.77).[1] Alguns desses 1,3 bilhão são classificados como "lavradores", sujeitos a muitas variações do tipo de lavrador que são, onde e *quando*: em momentos de pico do calendário agrícola

---

1 O número de "pequenos lavradores" no Sul costuma ser exagerado, às vezes demasiadamente, pelos que "tomam o partido dos camponeses" (ver mais adiante), como, por exemplo, Joan Martinez-Alier (2002) e Samir Amin (2003), que citam respectivamente 2 e 3 bilhões.

anual? Nos anos de muita ou pouca chuva? De mercado bom ou ruim? Em outras palavras, nem todos os lavradores são lavradores o tempo todo. Muitos moradores rurais podem não ser "lavradores" em nenhum sentido de peso – talvez em algumas regiões, em alguma época e com o passar do tempo –, porque lhes falta terra ou outros meios para plantar por conta própria ou por se dedicarem apenas à lavoura "marginal". Peter Hazell et al. (2007, p.1) definem a lavoura marginal como "incapaz de oferecer trabalho ou renda suficientes para ser o principal meio de vida da família". Eles ressaltam que na Índia, por exemplo, a expressão é usada em lavouras com menos de 1 hectare, que constituem 62% de todas as propriedades, mas só ocupam 17% de toda a terra agrícola.

Expressões e conceitos: camponeses e pequenos lavradores

Expressões como "camponês", "pequeno lavrador" ou "lavrador em pequena escala" e "lavrador familiar" costumam ser usadas de forma intercambiável e podem confundir. Essa não é apenas uma questão semântica e traz problemas e diferenças analíticas importantes. A palavra "camponês" costuma referir-se à lavoura familiar organizada para a simples reprodução, principalmente para prover a própria alimentação ("subsistência"). Muitas vezes se acrescentam a essa definição básica características como a solidariedade, a reciprocidade e o igualitarismo da aldeia e o compromisso com os valores de um modo de vida baseado na família, na comunidade, no parentesco e no local. Muitas definições e usos da palavra "camponeses" (e "lavradores em pequena escala" e "familiares") têm forte elemento e propósito normativos: "tomar o partido dos camponeses" (Williams, 1976) contra todas as forças que destruíram ou minaram os camponeses na formação do mundo moderno (capitalista). Na minha opinião, é melhor restringir as palavras "camponês" e "campesinato" aos usos analíticos e não normativos e a dois tipos de circunstâncias históricas: as sociedades pré-capitalistas, formadas principalmente por lavradores familiares em pequena escala (ver o capítulo I) e os processos de transição para o capitalismo (ver os capítulos II e III).

Com o desenvolvimento do capitalismo, muda o caráter social da agricultura em pequena escala. Primeiro, os "camponeses" se tornam pequenos produtores de mercadorias que têm de gerar a subsistência com a integração às divisões sociais mais amplas do trabalho e do mercado. Essa "mercantilização da subsistência" é uma dinâmica central do desenvolvimento do capitalismo, como explicado no capítulo II. Em segundo lugar, os pequenos produtores de mercadorias estão sujeitos à diferenciação de classe. O arcabouço histórico desses processos é apresentado do capítulo II ao V e a sua base teórica, examinada com mais detalhes do capítulo VI ao VIII. Afirmo que, em consequência da formação de classes, não há uma única "classe" de "camponeses" nem "lavradores familiares", mas sim classes diferenciadas de lavradores capitalistas em pequena escala, pequenos produtores de mercadorias com sucesso relativo e mão de obra assalariada.

Quanto ao tamanho, algumas fontes definem "pequenas lavouras" como aquelas com menos de 2 hectares de terra arável, enquanto outras caracterizam as pequenas lavouras do Sul pelo nível baixo de tecnologia, pelo uso de mão de obra familiar e pela orientação para a "subsistência" (isto é, atributos "camponeses"). Portanto, um critério é espacial (tamanho da lavoura) e o outro, sociológico (tipo de lavoura). Os dois critérios podem divergir de acordo com as condições de lavoura:

> Em várias partes da América Latina, uma lavoura de 10 hectares seria menor do que a média nacional, explorada principalmente por mão de obra familiar e produzindo primariamente para subsistência. [...] Uma propriedade do mesmo tamanho nas terras irrigadas do oeste de Bengala, por sua vez, estaria bem acima do tamanho médio da região, provavelmente contrataria boa parte da mão de obra empregada e produziria um excedente significativo para venda. (Hazell et al., 2007, p.1)

Finalmente, a expressão "lavoura familiar" costuma reunir lavouras que *pertencem* à família, são *administradas* pela família ou cultivadas pela *mão de obra* da família. Algumas "lavouras familiares" combinam as três características, mas outras não, como explico melhor no capítulo VI.

Cenas do Sul

Além das questões estatísticas, definidoras e conceituais observadas até aqui, as cinco citações seguintes são cenas da lavoura no norte da Índia, em Bangladesh, na Tanzânia, no Brasil e no Equador.

Com a nova estratégia agrícola, de uso intensivo de capital, introduzida nas províncias no final da década de 1960, o governo do Congresso teve meios de realizar o sonho imperial: a lavoura progressista em meio à nobreza. Em um ano ou dois [...] praticamente todos os distritos poderiam exibir uma boa safra de ex-zamindares demonstrativos [...] com as suas propriedades de 30, 40, 50, 100 acres, as fazendas de multiplicação dos novíssimos trigo mexicano e arroz filipino, os poços de irrigação jorrando 16 mil galões por hora, boa parte disso com arrendamentos altamente lucrativos, os seus tratores, os depósitos cheios de adubo, suas câmaras frigoríficas. (Whitcombe, 1980, p.179)

Trabalhar de meeiro não é muito melhor. Faço todo o serviço e aí, na hora da colheita, Mahmud Haj fica com metade da safra. Quando trabalho por salário, pelo menos levo arroz para casa toda noite, mesmo que não seja suficiente. Mas quando trabalho na terra que arrendei, tenho de esperar a colheita. Enquanto isso, não tenho boi, nem arado. Tenho de alugar do vizinho. O preço é alto; aro a terra dele dois dias em troca de usar o gado dele um dia. Neste país, o trabalho de um homem vale metade do trabalho de um par de bois! (Aldeão sem terra citado em Hartmann; Boyce, 1983, p.163)

As mulheres limpam o café, colhem o café, batem e espalham para secar. Embalam e pesam. Mas, quando a safra obtém bom preço, o marido fica com todo o dinheiro. Dá a cada esposa 200 xelins e pega o ônibus na manhã seguinte [...] a maioria vai para a cidade e fica numa pensão até o dinheiro acabar. Então voltam e atacam as esposas, dizendo: "Por que não limparam o café?" Essa é a grande escravidão. O trabalho não tem limite. É infinito. (Mulher ativista rural citada em Mbilinyi, 1990, p.120-1)

A razão disso tudo foi a especulação fundiária: limpavam-se dois mil hectares de floresta virgem, mil eram transformados em pasto, e os seringueiros ficavam sem o seu ganha-pão. Daí nasceu a luta pelos recursos extrativos da Amazônia, que também é região de nações indígenas. Os índios [...] não querem a propriedade privada da terra, querem que pertença à União e que os seringueiros tenham o usufruto. [Em 1980], um líder importantíssimo que comandava todos os movimentos na Amazônia foi assassinado. Os donos da terra [...] mandaram matá-lo. Sete dias depois, os trabalhadores se vingaram e mataram um proprietário. É assim que a justiça funciona. (Mendes, 1992, p.162, 168, entrevista publicada depois do assassinato de Chico Mendes em 22 de dezembro de 1988)

O *hacendado* [fazendeiro] se mudou para Guayaquil durante a crise. O meu pai o conhecia bem e ele nos arrendaria toda terra que quiséssemos. O *hacendado* só queria alguém para cuidar da propriedade até o cacau voltar. Javier e eu tínhamos o nosso sítio. Plantávamos milho, feijão, frutas. Tínhamos até uma ou duas vacas. Mas era duríssimo. Às vezes não havia lugar nenhum para vender o que plantávamos. E era só eu e o meu marido. Trabalhávamos juntos no campo. Não tínhamos filhos para ajudar. E a minha família não podia ajudar muito. Nós dois tínhamos de fazer tudo. Tínhamos poucas ferramentas e nenhum recurso. E na verdade a terra não era nossa. E finalmente eu disse: vamos atrás de Paco, o irmão de Javier, para Guayaquil. (Migrante equatoriana citada em Striffler, 2004, p.14-5)

A primeira cena descreve a riqueza dos grandes lavradores, os que mais se beneficiaram da Revolução Verde da produção de grãos na Índia, introduzida pelo governo nacional do Partido do Congresso a partir do final da década de 1960. Elizabeth Whitcombe identifica esses lavradores como ex-zamindares ou proprietários de terras, mas entre eles também havia muitos camponeses ricos que acumularam o suficiente para se transformar em lavradores capitalistas (Byres, 1981). Têm lavouras altamente capitalizadas e controlam quantidade substancial dos "insumos" necessários para obter as melhores safras com as novas variedades de alta produtividade (VAPs) de trigo e arroz introduzidas pela Revolução Verde: tratores, bombas de irrigação e adubo empilhados nos *godowns*, ou depósitos. As VAPs que usam – e multiplicam para plantio futuro – se originaram de centros de pesquisa agrícola em lugares distantes do mundo. E o tamanho das suas lavouras pareceria enorme para a maioria dos vizinhos e para quase todos os lavradores de Bangladesh ou da Tanzânia, por exemplo, mas pequeníssimo para os colegas do Brasil.

A segunda cena, a do aldeão pobre e sem terra de Bangladesh, apresenta muitos contrastes com a primeira. Mostra uma luta diária incansável para ganhar vida, com referência específica àquela necessidade mais básica: garantir o suficiente para comer. O aldeão combina o trabalho assalariado com o arrendamento de terra e o aluguel de arado e animais de tração para cultivar o seu arroz. Comparada à primeira cena, esta não traz nenhum vislumbre de lugares fora da localização rural imediata do meeiro. Ao mesmo tempo, a referência a trabalho assalariado pode nos levar a perguntar quem compõe a mão de obra das prósperas lavouras comerciais produtoras de grãos do norte da Índia descritas na primeira cena.

A terceira cena, da Tanzânia, é uma forte ilustração de relações extremamente desiguais entre os gêneros sexuais (ver o capítulo I). Ao contrário das duas anteriores, diz respeito a um produto de exportação cultivado para o mercado internacional, nesse caso por pequenos lavradores. Talvez pudéssemos perguntar como a terra, a mão de obra e outros recursos dedicados ao plantio de café afetam o cultivo de alimentos para consumo familiar. Aqui, o pagamento depois de uma boa colheita, provavelmente o grosso da renda em dinheiro do ano todo, não é usado para atender às necessidades familiares, mas gasto numa "farra" pelo chefe masculino da família.

Na cena brasileira, encontramos temas há muito conhecidos na história agrária do mundo moderno, como a competição entre os diversos usos da terra e, principalmente, a competição pelas florestas – nesse caso, entre os que ganham a vida como seringueiros e os que querem derrubar a mata para formar pastos para a pecuária extensiva ou plantar soja, que será transformada em ração animal. Também vemos um conflito de conceitos de propriedade da terra: entre a terra como propriedade privada para uso exclusivo dos donos e a terra como recurso comunal de cujo usufruto, isto é, o direito coletivo de uso, gozam comunidades ou grupos específicos. Além disso, como em muitos países formados a partir de um histórico colonial, esse conflito ocorre entre grupos de pessoas diferenciadas étnica e culturalmente, além de em termos de poder.

A última cena descreve a tentativa de um jovem casal sem terra do Equador de levar em frente uma lavoura modesta em terras arrendadas de um *hacendado*, o dono de uma *hacienda* ou propriedade relativamente grande na América Latina. O proprietário plantou cacau nas suas terras, mas abandonou o plantio quando o preço caiu drasticamente na crise à qual Maria se refere. Aqui, temos outro produto para exportação internacional, como no caso do café da Tanzânia e da carne e da soja brasileiras, e também um vislumbre das dificuldades da lavoura em pequena escala. Maria nos diz que ela e o marido Javier sofrem de falta de mão de obra para ter sucesso, o que levanta questões sobre o tipo de terra que cultivam e as ferramentas que têm para cultivá-la. Ela também indica que, embora plantassem alimentos para consumo próprio, também tiveram de vender parte da safra por precisarem de dinheiro para comprar mercadorias básicas que não produzem. Apesar de ainda serem jovens, decidiram seguir Paco, o irmão de Javier, para ver se conseguem um meio de vida mais seguro na grande cidade portuária de Guayaquil, no litoral do Equador.

Essas cinco cenas indicam a imensa variedade de tipos de lavoura e de suas relações sociais, de condições de mercado para a safra, de "insumos" e mão de obra e das condições ambientais da lavoura em regiões diferentes e com vários tipos de pessoas do Sul. Essa variedade torna impossíveis as generalizações empíricas simples. Ainda assim, apesar de todos os detalhes locais e específicos, essas poucas cenas nos dão vislumbres dos seguintes temas e dinâmicas mais amplos da mudança agrária:

- diferenciação de classe e gênero no campo;
- divisões do acesso à terra, divisões de trabalho e divisões do fruto do trabalho;
- propriedade e meio de vida, riqueza e pobreza;
- a herança colonial e a atividade do Estado;
- as vias de desenvolvimento agrário e os mercados internacionais (de tecnologia e finanças, além de mercadorias agrícolas);
- relações de poder e desigualdade, a sua contestação e a violência usada com tanta frequência para mantê-las, desde a violência "doméstica" (entre gêneros) da Tanzânia à violência de classe organizada no Brasil.

A economia política agrária e a economia política do capitalismo em termos mais amplos, usadas neste livro para examinar esses temas e dinâmicas mais gerais, vêm da abordagem teórica de Karl Marx.

A economia política de Marx

Quando morou na Inglaterra entre as décadas de 1850 e 1870, Marx (1818-1883) assistiu às transformações forjadas pela primeira Revolução Industrial do mundo. Em sua grande (e inacabada) obra teórica, *O capital*, Marx procurou identificar as principais relações e dinâmicas do "modo de produção capitalista" na sua forma industrial (então) mais avançada. Para ele, o capitalismo, principalmente o capitalismo industrial, é "mundialmente histórico" em sua natureza e suas consequências. No seu surgimento como modo de produção novo e realmente revolucionário não havia nada de natural nem de inevitável, mas, depois de estabelecido, a sua lógica inigualável de exploração e acumulação, competição e desenvolvimento contínuo da capacidade produtiva (capítulo II) se impõe a todas as partes do mundo.

O fato de Marx analisar o modo de produção capitalista em referência ao capitalismo industrial do noroeste da Europa deixa bastante espaço para várias interpretações e debates sobre as histórias do capitalismo *antes* da industrialização moderna e *depois* da época de Marx, inclusive:

- como o capitalismo se desenvolveu em sociedades primariamente agrárias antes da industrialização (capítulos II e III);
- como a mudança agrária foi configurada pelo capitalismo industrial depois que este se estabeleceu e se disseminou (capítulos III a V).

Minha meta é usar alguns conceitos da teoria do modo de produção capitalista de Marx para entender as diversas histórias agrárias complexas do mundo moderno. Proponho alguns temas bem gerais da carreira histórica mundial do capitalismo e tento interligá-los com as variações complexas que histórias específicas tecem a partir deles (tomando emprestada de outro contexto a formulação do antropólogo Michael Gilsenan, 1982, p.51). Não se sugere que Marx produziu tudo o que precisamos saber sobre o capitalismo em teoria ou em termos históricos, como ele mesmo foi o primeiro a ressaltar. Na verdade, a relação entre o seu sistema teórico (que é necessária e altamente *abstrato*, além de incompleto) e a sua aplicação na investigação histórica ou *concreta* ainda é fonte de grandes tensões e debates. Nas anotações sobre "O método da economia política", Marx (1973, p.101) afirmou que "O concreto [...] é a concentração de muitas determinações", ou, como se poderia dizer mais frouxamente, de "fatores causais".

Cada capítulo deste livro apresenta ideias e questões teóricas e as ilustra historicamente com brevidade, às vezes por meio de generalizações resumidas. Essas generalizações, como as que uso nos capítulos II a V para delinear a formação do mundo capitalista moderno, não fazem justiça às variações e especificidades históricas.

A mesma advertência se aplica às convenções de periodização histórica: marcada geralmente em séculos ou partes de séculos, os períodos são necessários para identificar mudanças, e somos incapazes de pensar a história sem eles e sem perguntar o que mudou, como, por que e *quando*. Ao mesmo tempo, a periodização corre o risco de obscurecer a complexidade da continuidade e da descontinuidade. Neste livro, os períodos históricos servem de "marcadores" de mudanças importantes: não significam que a mudança de um período a outro foi sempre uma ruptura drástica e abrangente em relação ao que existia antes, embora alguns processos históricos envolvam mudanças mais radicais do que outros. Com essas ressalvas necessárias, os contornos e esboços históricos deste livro são apresentados para ilustrar uma abordagem analítica que os leitores podem pôr à prova por conta própria, ou seja, questionar, aplicar, adaptar ou rejeitar.

Entender essa abordagem analítica e avaliar a sua utilidade é um desafio. Este é um livro desafiador, mas como querer que seja simples entender o mundo que habitamos, com toda a sua complexidade e as suas contradições? Minha meta é oferecer ferramentas com que pensar, e não contar fábulas simples que possamos achar ideologicamente atraentes (por exemplo, "pequeno é bonito" contra "grande é feio"; o camponês virtuoso contra a agricultura empresarial viciosa).

Finalmente, a principal arena de discordância a respeito das ideias de Marx e do modo de interpretá-las e aplicá-las é a dos marxistas e a dos fortemente influenciados por Marx. Sem dúvida, os que conhecem bem essa história e seus debates reconhecerão interpretações específicas da economia política materialista que apresento neste breve livro. Mas o livro não pressupõe nenhum conhecimento anterior de economia política, e forneço um glossário de termos importantes. A única esperança do autor é que os leitores considerem este livro relevante, interessante e provocador o suficiente para ponderar e estudar mais por conta própria.

I
PRODUÇÃO E PRODUTIVIDADE

Trabalho e natureza

> Pressupomos o trabalho numa forma em que é característica exclusivamente humana. A aranha realiza operações que se parecem com as do tecelão, e uma abelha pode deixar envergonhados muitos arquitetos humanos com a construção dos seus favos de mel. Mas o que distingue o pior arquiteto da melhor abelha é que o arquiteto constrói os favos na mente antes de construí-los de cera. No final de cada processo de trabalho, surge um resultado que já fora concebido no início pelo trabalhador e, portanto, já existia idealmente. O homem efetua não apenas uma mudança de forma nos materiais da natureza como também realiza os seus propósitos nesses materiais. (Marx, 1976, p.283-4)

Uma definição inicial e geral de "produção" é "o processo pelo qual se aplica trabalho para mudar a natureza e satisfazer as condições da vida humana". Como proposto por Marx, trabalho pressupõe *agência*: o propósito, o conhecimento e a habilidade, além da energia do produtor. Ao agir sobre os ambientes naturais, os produtores modificam, portanto, os ecossistemas que habitam e do qual, na verdade, fazem parte.[1] Associada à produção e fundamental para as questões de bem-estar humano – satisfazer as condições da vida humana – está a ideia de *produtividade*. Os diversos conceitos de produtividade exprimem o resultado de certas maneiras de fazer as coisas em relação a outras. As medidas de produtividade calculam a quantidade de bens produzidos com o uso de uma quantidade dada de um recurso específico.

Na lavoura, uma das medidas de produtividade é a safra ou rendimento da terra: o tamanho da safra colhida numa área dada.[2] Outra medida de produtividade diz respeito ao trabalho: o tamanho da safra que alguém consegue produzir com um esforço dado, tipicamente calculado em média ou mensurado em termos do tempo nele aplicado, ou tempo de trabalho. A produtividade do trabalho depende, em boa medida, das ferramentas ou da tecnologia usadas pelo produtor. Por exemplo, um lavrador dos Estados Unidos que use trator e colheitadeira consegue produzir uma tonelada (mil quilos) de grãos, ou o equivalente em grãos com muito menos gasto de tempo e esforço do que um lavrador da Índia que usa arado puxado por bois. Por sua vez, esse último consegue produzir uma tonelada de grãos com menos tempo e esforço físico do que o lavrador da África Subsaariana, que cultiva com enxada e outras ferramentas manuais.

Por outro lado, podemos imaginar quanto os produtores que usam tipos de ferramentas diferentes produzem em média num determinado período. Na lavoura, um ano é um período pertinente, porque a sazonalidade, de acordo com as condições climáticas, é fator fundamental em quase toda parte. Podemos descobrir que, num ano, o lavrador africano produz uma tonelada de grãos, o

---

[1] Essa última questão fica visível em conceitos de ecologia constituídos de natureza humana e extra-humana com as suas interações.

[2] Para simplificar, não abordo questões de rendimento vegetal ou animal, embora ambos tenham sido fundamentais para o processo de elevar a produtividade agrícola, como indicado a seguir. Uma das medidas de rendimento vegetal de grande interesse para os historiadores agrários é a proporção entre a safra colhida e as sementes plantadas.

indiano, 5 toneladas e o norte-americano, 2 mil toneladas. A produtividade do trabalho do lavrador indiano é 5 vezes maior do que a do africano, e a produtividade do trabalho do lavrador norte-americano é 400 vezes maior do que a do indiano e 2 mil vezes maior do que a do africano. Esses números espantosos são citados pelos agrônomos franceses Marcel Mazoyer e Laurence Roudart (2006, p.11), que também observam que o abismo entre o máximo e o mínimo de produtividade média do trabalho nos sistemas de lavoura do mundo aumentou enormemente desde 1950 (ver os capítulos IV e V).[3]

De volta ao meu exemplo simples, várias outras observações podem ser feitas. Em primeiro lugar, o aumento da produtividade do trabalho está associado à aplicação de outras formas de energia além da força muscular humana: a energia dos animais de tração, a energia gerada pelo motor de combustão interna dos tratores e colheitadeiras. Portanto, usar tração animal e outras formas de energia liberta a produção e a produtividade das limitações impostas pela energia gerada apenas pelo corpo humano. Em segundo lugar, também permite o cultivo de uma área maior em relação ao número de indivíduos que nela trabalham. Nos Estados Unidos, calculou-se que a área cultivada por lavrador é cinquenta vezes maior do que a média mundial (Weis, 2007, p.83). Em terceiro lugar, a produtividade do trabalho do lavrador não é apenas uma questão das formas de energia usadas no cultivo, mas, assim como a produtividade da terra (rendimento), também reflete a qualidade de outros "insumos": sementes, adubos, irrigação etc. Finalmente, com o aumento da produtividade do trabalho na lavoura, um número menor de produtores pode fornecer alimentos para um número maior de pessoas.

---

3 Hoje esse abismo se reflete na participação no comércio mundial de mercadorias agrícolas. Dez por cento da produção agrícola mundial total é comercializada internacionalmente, e os Estados Unidos e a União Europeia respondem por 17% disso; o Canadá, a Austrália e a Nova Zelândia, juntos, por 15%; e Brasil, Argentina, Chile e Uruguai, juntos, por 13%. Em resumo, 62% das exportações agrícolas do mundo (em valor) vêm de países com 15% da população mundial e apenas 4% da força de trabalho agrícola do mundo (Weis, 2007, p.21).

Os diversos conceitos e medidas da produtividade podem entrar em conflito; por exemplo, em determinadas circunstâncias, o rendimento, no sentido de produção da terra, pode ser uma medida mais relevante do que o produto do trabalho. Na ilustração simples que utilizamos, a safra média de grãos é significativamente maior nos Estados Unidos do que na África Subsaariana, embora a diferença de rendimento seja bem menor do que o abismo extraordinário da produtividade do trabalho.

Outras medidas de produtividade, como a contabilidade da energia, que começou a ser calculada já no século XIX, e mais recentemente a contabilidade atmosférica, refletem preocupações com o meio ambiente. A partir da outra ponta do processo de trabalho – mantendo constante a produção e não os insumos –, a eficiência relativa pode ser calculada por unidades de energia (calorias) usadas para produzir determinada quantidade de produtos com um valor energético ou calorífico dado. Nesse caso, a lavoura de "baixo nível de insumos", como o cultivo de grãos com enxada, pode ser considerada mais eficiente do que a lavoura de grãos mecanizada, com "alto nível de insumos", embora gere safras menores e uma produtividade do trabalho muito menor (capaz, portanto, de alimentar menos indivíduos).

Além disso, podemos calcular o custo implícito do uso de recursos não renováveis (por exemplo, o petróleo que abastece as máquinas usadas na lavoura) e o custo da poluição e de outros danos ambientais (por exemplo, erosão ou degradação do solo). Esses elementos constituem a "pegada ecológica" [*ecological footprint*], como se diz hoje, de tipos específicos de produção e consumo, na lavoura e em outras atividades econômicas.

Até aqui, ilustrei um aspecto da produtividade – as ferramentas e a tecnologia usadas na lavoura – e insinuei outro aspecto – a qualidade (assim como a quantidade) de trabalho humano, isto é, o seu domínio das habilidades necessárias em certas tarefas. Se essas habilidades não estiverem disponíveis, a produtividade do trabalho é negativamente afetada; por exemplo, o produtor que não tem habilidade para usar as ferramentas com eficácia – sejam elas enxadas, arados ou tratores – ou cuja capacidade de realizar o árduo trabalho agrícola na África ou na Índia é prejudicada pelo baixo nível de nutrição e de saúde em geral, efeito da pobreza. Um terceiro elemento também foi insinuado: as "matérias-primas" da lavoura, representadas pelos diversos ambientes naturais, que variam muito e podem ser manejados com mais ou menos eficiência – conservados, degradados ou aprimorados. Portanto, a produtividade também depende de:

- fertilidade do solo, que pode deteriorar, manter-se ou melhorar por meio da aplicação de adubos orgânicos ou químicos e de diversos métodos de cultivo;
- tipo e qualidade das sementes, que podem ser melhoradas;
- suprimento de água e o seu manejo eficaz, inclusive para resolver a incerteza da chuva nas lavouras não irrigadas.

O aspectos de produção e produtividade observados até aqui dizem respeito a algumas *condições técnicas* da lavoura. Mas, como observou Marx (1973, p.86), "economia política não é tecnologia". As atividades dos lavradores os envolvem em relações com outras pessoas, seja no processo de trabalho da lavoura, seja por meio das ferramentas e materiais com que trabalham, inclusive a terra que cultivam ou na qual pastam os seus rebanhos, se pertencem a eles ou a outrem, seja por meio do tipo de direito que têm sobre a colheita produzida pelo seu trabalho etc. Essas questões nos indicam as *condições sociais* da produção, isto é, todas as relações entre pessoas que configuram o modo como a produção se organiza, inclusive as condições técnicas.

Divisões do trabalho e cooperação

Podemos supor que os três lavradores do nosso simples exemplo anterior não fizeram as próprias ferramentas. Talvez isso seja óbvio no caso do lavrador norte-americano, mas também é um pressuposto realista no caso dos muitos lavradores da Índia e da África que hoje usam enxadas e arados de produção fabril. Os lavradores têm de obter as suas ferramentas com outros cujo trabalho é produzir esses vários tipos de ferramenta. Esse é um exemplo simples de divisão social do trabalho entre produtores de tipos diferentes de bens e serviços cuja atividade é complementar e que se relacionam por meio da troca de produtos. Conforme a complexidade aumenta, a divisão do trabalho disponibiliza uma variedade maior de bens e serviços em espaços geográficos maiores, o que, por sua vez, pressupõe meios de transporte e comunicação eficazes.

Embora possamos supor que os três lavradores trabalhem por conta própria, isso não faria sentido no caso das fábricas que produzem enxadas, arados e tratores. A produção fabril exige uma *divisão técnica do trabalho*: a combinação de tarefas diferentes realizadas por vários trabalhadores para manufaturar um único produto. Isso leva à *especialização* dos trabalhadores em diversas tarefas, daí a cooperação entre eles, a coordenação do esforço e o aumento da escala de produção além do que seria possível para produtores isolados que trabalhassem separadamente. Assim se possibilita uma produtividade do trabalho muito mais alta do que a conseguida, digamos, por um único mecânico que realizasse todas as tarefas necessárias para produzir um trator.[4]

Quanto maior a divisão técnica do trabalho, mais complexa a cooperação exigida. A cooperação também pode aumentar a produtividade do trabalho de lavradores que usem ferramentas simples como enxadas ao permitir o seguinte:

- economia de escala na construção de instalações comunais (por exemplo, silos para grãos, caixas-d'água);
- "efeito de complementação", isto é, "acrescentar trabalho individual a um processo que só faz sentido como um todo completo" (por exemplo, cavar setores de um canal de

---

4 Era essa a situação nos primeiros tempos dos veículos motorizados, antes da produção em massa em grandes fábricas.

irrigação ou construir partes de uma cerca para proteger a área plantada);
- efeito de sincronização, isto é, a concentração de esforço em tarefas que têm de ser terminadas num tempo específico (por exemplo, devido à sazonalidade da lavoura, como os períodos de chuva) (Von Freyhold, 1979, p.22-5).

Nesses exemplos, os pontos principais da cooperação e da divisão técnica do trabalho são que "o todo é maior do que a soma das partes" (o que Marx chamou de "trabalhador coletivo"); a divisão técnica do trabalho e o seu efeito sobre a produtividade exigem organização social; e o que qualquer produtor ou trabalhador isolado faz não pode ser entendido isoladamente da atividade dos outros.

Ao avançar, ampliamos o nosso entendimento das condições técnicas de produção, principalmente no que diz respeito à agência, com a qual este capítulo começou. O que Marx chamava de "forças produtivas" inclui não só a tecnologia e a cultura técnica como também a capacidade dos indivíduos de se organizar para tomar decisões sobre a produção, colocá-las em prática e inovar, tudo isso configurado pelas condições sociais de produção.

Reprodução

Como indicado, os próprios elementos do processo de produção têm de ser produzidos. Até a terra usada na lavoura – embora, a princípio, uma "dádiva" da natureza – é mudada pela interação dos seres humanos com ela; por exemplo, a sua fertilidade pode se deteriorar, se manter ou se enriquecer. Toda essa necessidade de produzir constantemente as condições da lavoura, como de outras atividades humanas, se chama *reprodução*: reprodução dos meios de produção (terra, ferramentas, sementes, rebanhos), de produtores atuais e futuros e das relações sociais entre produtores e entre estes e outros. Por enquanto, suponhamos que todas as necessidades de reprodução, para garantir as condições da produção *futura*, tenham de ser atendidas pelo que é produzido *agora*. Podemos pensar no que é produzido em qualquer momento dado, digamos, a colheita, em termos das exigências de vários tipos de "fundos" de reprodução a que essa produção terá de atender.

Começo com o mais óbvio, o *fundo de consumo*: todos têm de comer para viver, e o fundo de consumo se refere à necessidade imediata e cotidiana de comida (assim como de abrigo, descanso e outras necessidades básicas). Parte da colheita tem de ser reservada para o consumo dos produtores e dos que deles dependem: as crianças e os idosos, ou aqueles sem condições de lavourar.

Em seguida, explico o *fundo de substituição*: as ferramentas usadas no cultivo se desgastam depois de algum tempo; outros "insumos" (ou "instrumentos de trabalho", nas palavras de Marx) tendem a ser usados mais rapidamente, como as sementes e o adubo utilizados em cada ciclo de produção agrícola. Portanto, parte da produção atual tem de ser reservada para substituí-los. Isso pode acontecer de várias maneiras, de acordo com diferentes condições sociais. Em boa parte da história, a substituição era realizada dentro das famílias de lavradores: uma certa proporção da colheita era selecionada e guardada como semente para o ciclo de cultivo seguinte; ferramentas simples eram feitas pelos próprios lavradores ou por vizinhos que fossem artesãos especializados (e que tinham de ser compensados de algum modo pelo seu trabalho). Com efeito, satisfazer o fundo de substituição constitui uma demanda sobre o trabalho e sobre o seu produto, seja ao separar parte da colheita para usar como semente, seja ao empregar os alimentos armazenados de uma colheita anterior para alimentar indivíduos que executam tarefas essenciais para a reprodução entre os períodos da lavoura, seja ao adquirir meios básicos de produção e o consumo daquilo que por ventura os lavradores não produzam.

Entre as demandas feitas ao fundo de substituição, uma tem importância especial: produzir a próxima geração de produtores, ou a chamada *reprodução geracional*. O que eu disse até agora não fazia referência nem usou preposições de *gênero* – ao contrário de Marx, na citação anterior, que segue a antiga convenção de "homem" como termo genérico para a humanidade e que supõe que o arquiteto da sua analogia era homem (praticamente todos os arquitetos da sua época eram homens). Falo disso agora porque ter filhos – primeiro passo necessário para a reprodução geracional – é uma capacidade exclusivamente feminina, determinada pela biologia. No entanto, o exercício dessa capacidade é uma prática social configurada por relações sociais. Embora seja "ordenado pela natureza" que só as mulheres possam ter filhos, não há nada "natural" em *se* todas as mulheres terão filhos, *quando* os terão, *quantos* terão nem, em algumas culturas, na pressão sobre elas para terem filhos homens. Não há nada "natural", além do período inicial de amamentação, no fato de a responsabilidade pela criação dos filhos recair sobre as mães – ou avós, tias, irmãs mais velhas ou criadas. Do mesmo modo, não existe necessidade "natural" ou biológica para que sejam principalmente as mulheres a realizar a tarefa de manter a geração atual de produtores – cozinhando, limpando, lavando roupa, buscando água e recolhendo lenha – com as atividades do *trabalho doméstico*, tão vitais para a reprodução como todas as outras aqui consideradas.

O trabalho doméstico ilustra outro tipo diferente de divisão de trabalho. Já vimos um significado da divisão do trabalho como especialização das atividades produtivas dentro das unidades de produção e entre elas. No caso dos gêneros sexuais, a especialização se estabelece pela posição que as pessoas ocupam em estruturas específicas de relações sociais. As relações entre os gêneros – as relações sociais entre mulheres e homens e as ideologias que as configuram ou justificam – constituem o caso mais disseminado de divisão social do trabalho, embora as formas específicas de relações entre os gêneros variem muitíssimo entre as sociedades e os grupos dentro delas. Tais relações também mudam historicamente (o que mostra que não são "fixadas" pela natureza) e se estendem além da esfera de trabalho doméstico até uma série de outras atividades produtivas e reprodutivas, principalmente nos sistemas de lavoura, que apresentam várias divisões sexuais do trabalho.

Em seguida, há o *fundo cerimonial*, que se refere à reserva dos produtos do trabalho para atividades que criem e recriem as culturas e as relações sociais das comunidades que vivem da lavoura (Wolf, 1966), como, por exemplo, rituais realizados para preparar o cultivo e as festividades depois da colheita. Outros exemplos são a celebração de ritos de passagem (como nascimento e casamento), a construção do lar de uma nova família e a morte de um membro da comunidade (por exemplo, velórios, funerais).

Os três fundos, consumo, substituição e cerimonial, existem em sociedades centradas nas necessidades e atividades de "subsistência" dos seus integrantes e que podem ter pouca diferenciação social além do gênero e da geração, isto é, a autoridade especial dos "anciãos". A quarta e última demanda sobre o produto do trabalho – o *fundo de arrendamento* – é uma esfera bem diferente de relações sociais.

Excedente, exploração e acumulação

Os fundos de substituição e cerimonial exigem um produto "excedente" além do necessário para consumo imediato. Isso acontece em todas as sociedades, nas quais podemos distinguir três categorias amplas de acordo com um tipo de sequência evolucionária. A primeira podemos denominar devidamente de sociedades de "subsistência", que se reproduziam com nível constante de consumo (e, tipicamente, de tamanho da população também). Isso não significa que, a seu modo, essas sociedades fossem "pobres". Na verdade, era comum que pequenos grupos de caçadores e coletores ou os que praticavam a agricultura itinerante nômade (lavoura de coivara) conseguissem atender às suas necessidades limitadas com relativamente pouco gasto de esforço e tempo de trabalho – em geral, menos tempo e esforço do que os exigidos pela agricultura sedentária (Sahlins, 1972).

De acordo com o historiador Colin Duncan (1996, p.13), é "mais útil" definir a agricultura como "cultivo (ou aragem) do solo marcado em campos", em contraste com o "cultivo itinerante" e o pastoreio nômade. Como muitos outros, Duncan (1996, p.13) também observa que isso "representou um rompimento decisivo com modos anteriores de interação entre a humanidade e a natureza". A agricultura sedentária surgiu com a domesticação humana de plantas e animais e tornou possível o fundo de arrendamento e o surgimento histórico de uma segunda categoria de sociedade: a sociedade agrária de *classes*, cujo desenvolvimento foi marcado pelo aumento do tamanho e da densidade da população e pela formação de classes dominantes, Estado, cidades e cultura urbana.

O fundo de arrendamento se refere aos pagamentos que os lavradores têm de fazer a outros. Esses outros podem ser donos da terra, que se apropriam da renda em gêneros (parte da colheita do lavrador), mão de obra ou dinheiro. Ou podem ser Estados, que cobram pagamentos sob a forma de tributos em gêneros ou dinheiro, ou de trabalho obrigatório em obras públicas ou no serviço militar; ou autoridades religiosas que sejam proprietárias da terra ou tenham o poder de cobrar tributos ou dízimos. Podem ainda ser agiotas ou mercadores, de quem os lavradores fazem empréstimos sobre o valor da próxima colheita, conforme a economia monetária toma forma.[5]

Portanto, nas sociedades agrárias de classes, é preciso produzir um "excedente", acima da necessidade dos fundos de consumo, substituição e cerimonial dos produtores, para sustentar classes dominantes de não produtores. A capacidade de *apropriar-se do trabalho excedente* – o trabalho além daquele que os produtores despendem com a própria reprodução – sinaliza as relações sociais de *exploração*.

As classes dominantes ou governantes das sociedades agrárias de classes compunham-se de dinastias monárquicas, aristocracias militares e civis, burocracias religiosas e civis e grupos de mercadores. O seu consumo e reprodução – e os dos séquitos, muitas vezes grandes, que mantinham (criados, soldados, funcionários religiosos, clérigos, pintores e poetas – e arquitetos! – da corte) – baseavam-se na exploração dos produtores, fossem estes escravos, servos feudais, outros lavradores camponeses ou artesãos. Algumas dessas sociedades – as

---

5 Isso representa uma mudança do pressuposto anterior de que todas as necessidades de reprodução têm de ser atendidas pelo que é produzido agora. O crédito constitui uma exigência sobre a produção ou renda futuras para satisfazer as necessidades atuais de consumo e reprodução.

famosas civilizações agrárias da Ásia e do norte da África, da Europa e da América Central – viveram períodos de expansão do território e da população. Às vezes essa expansão foi associada a inovações da técnica e da organização da lavoura e de outras atividades produtivas, assim como das comunicações (por exemplo, a invenção da escrita), do transporte (principalmente o aquático), do comércio e do poder militar.

Embora se interessassem em regulamentar a atividade econômica – para melhor se apropriar do trabalho excedente – e, às vezes, em estimulá-la (por exemplo, organizando a construção e a manutenção de obras de irrigação), essas classes dominantes não tentavam "poupar" e reinvestir o produto excedente de que se apropriavam para desenvolver de forma sistemática a capacidade produtiva de sua sociedade. Em vez disso, preocupavam-se com a terra e o trabalho como fontes de sua riqueza (por meio de arrendamentos, impostos, tributos), de seu poder (suprindo e sustentando exércitos) e de sua glória (permitindo-lhes luxos, construir palácios, templos e igrejas e agir como patronos da religião e das artes).

A exploração do trabalho estimulada pela necessidade de expandir a escala da produção e aumentar a produtividade para obter lucro – em resumo, a *acumulação* – é uma característica que define a terceira categoria de sociedade, ou seja, o capitalismo. Esse é o tema do meu próximo capítulo e, na verdade, do restante deste livro. Antes de continuar, quero reunir algumas ideias e conceitos deste capítulo em termos de quatro perguntas importantes da economia política.

Economia política: quatro perguntas fundamentais

As quatro perguntas seguintes, fundamentais na economia política, tratam das relações sociais de produção e reprodução.

Quem possui o quê?
Quem faz o quê?
Quem fica com o quê?
O que fazem com isso?

Quem possui o quê?

A primeira pergunta diz respeito às relações sociais de diferentes regimes de "propriedade", isto é, como se distribuem os meios de produção e reprodução. A palavra "propriedade" teve significado diferente em cada tipo de sociedade em momentos diversos da história. As ideias e práticas da propriedade *privada* foram inventadas sob o capitalismo e ajudam a defini-lo. Isso é especialmente verdadeiro em relação à *terra*, a base da lavoura. A conversão generalizada da terra em propriedade privada – em *mercadoria* – é uma das características que definem o capitalismo.

Quem faz o quê?

A segunda pergunta trata da divisão social do trabalho. A divisão de quem realiza quais atividades de produção e reprodução social é estruturada, por exemplo, pelas relações sociais entre os que realizam tarefas especializadas dentro de unidades de produção; entre os produtores que fazem tipos de coisa diferentes; entre homens e mulheres; e entre as diversas classes das sociedades agrárias e das sociedades capitalistas.

Quem fica com o quê?

A terceira pergunta trata da divisão social dos "frutos do trabalho", muitas vezes chamada de distribuição de "renda". Como no caso da propriedade (na primeira questão), essa palavra não se refere apenas à renda no sentido que adquiriu no capitalismo, ou seja, renda monetária individual ou empresarial. Nas formas de sociedade anteriores ao capitalismo e em algumas áreas importantes da vida sob o capitalismo de hoje, há "frutos do trabalho" que não assumem a forma de renda monetária. Um exemplo são os alimentos produzidos por pequenos lavradores para consumo próprio; outro são os frutos do trabalho doméstico e outros trabalhos não pagos.

O que fazem com isso?

A quarta pergunta trata das relações sociais de consumo, reprodução e acumulação. Esbocei-as em termos de fundos para atividades de consumo, substituição e cerimonial, encontrados em todas as sociedades agrárias desde o princípio, e de arrendamento, que surge com a formação das sociedades agrárias de classes. Também observei, como exclusiva do capitalismo, a apropriação do trabalho excedente com o propósito de acumulação produtiva. Essa última pergunta trata de como diferentes relações sociais de produção e reprodução determinam a distribuição e o uso do produto social.

Essas quatro perguntas fundamentais podem ser proveitosamente aplicadas a diversos locais e escalas de atividade econômica, de famílias a "comunidades" e a formações econômicas regionais, nacionais e globais. Também podem ser aplicadas a diversos tipos de sociedade em momentos históricos diferentes. Há também uma sequência implícita nas quatro perguntas: as relações sociais de propriedade configuram a divisão social do trabalho, que configura a distribuição social da renda que, por sua vez, configura o uso do produto social para consumo e reprodução – que, no caso do capitalismo, inclui a acumulação.

II
ORIGEM E INÍCIO DO DESENVOLVIMENTO DO CAPITALISMO

Características que definem o capitalismo

As três características seguintes, interligadas, contribuem para o caráter que define o capitalismo como "modo de produção".

Produção generalizada de mercadorias

No capitalismo, a produção de mercadorias é singularmente sistemática e *generalizada*. Uma variedade sempre crescente de bens e serviços é produzida como mercadoria para a troca no mercado com o fim de gerar lucro. A concorrência entre capitalistas estimula a inovação e a produtividade – um desenvolvimento *sistêmico* das "forças produtivas" que é único do capitalismo (e que gera também a tendência à superprodução; ver o capítulo IV).

Imperativo de acumulação

O capitalismo se distingue pela importância fundamental do *capital produtivo*. O capital produtivo investe em meios de produção (terra, ferramentas, máquinas, matérias-primas etc.) e mão de obra para trabalhar com eles, que então organiza para fazer novas mercadorias, criando novo valor como passo necessário rumo à geração de lucro sobre o investimento. Marx exprimiu isso da seguinte forma: dinheiro (capital) ou M é investido em mercadorias (meios de produção e mão de obra), ou C, para produzir mercadorias com um valor monetário maior, ou M'; portanto, M-C-M'. Então, o lucro é reinvestido para gerar mais lucro, num ciclo interminável de *acumulação* de mais produção e lucro, que Marx chamou de *reprodução ampliada do capital*. O capitalismo é o único modo de produção que pressupõe que a mão de obra e os meios de produção (entre os quais, a terra) estão amplamente disponíveis como mercadorias.

A força de trabalho como mercadoria

Isso nos leva à característica que mais distingue o modo de produção capitalista, observado rapidamente na Introdução: ele se baseia numa *relação social* entre capitalistas, donos dos meios de produção, e trabalhadores, que trocam a força de trabalho, ou capacidade de trabalhar, pela sua subsistência (meios de reprodução). A força de trabalho é fundamental porque é a única mercadoria cujo uso na produção cria um valor maior do que o seu. Em termos teóricos, isso acontece porque:

- o valor da força de trabalho (como o de qualquer mercadoria) representa o trabalho investido na sua produção, expresso no salário pelo qual é trocada; e
- a força de trabalho se torna propriedade do capitalista que a compra e controla o seu uso na produção de novas mercadorias de valor maior.

Marx chamou de capital *variável* o investimento em força de trabalho e de capital *constante* o investimento em meios de produção (máquinas, matérias-primas etc.). O primeiro é "variável" porque só a aplicação de força de trabalho "viva" consegue gerar valor novo. O segundo é "constante" porque os meios de produção só podem contribuir com o seu valor existente (como força de trabalho "morta", resultado de produção prévia) para as novas mercadorias criadas. Essa diferença entre o valor do capital variável (parte de M na fórmula simples citada) e o valor das mercadorias geradas por aquele investimento (M') é a *mais-valia*, forma específica na qual, na produção capitalista, o trabalho excedente é apropriado e é a fonte do lucro capitalista.[1]

A força de trabalho tem outra qualidade única: é inseparável do corpo e da mente dos seus donos, que podem se combinar em ação coletiva para resistir, moderar ou derrubar a sua condição de exploração como vendedores da capacidade de trabalhar.

Marx observou que, no capitalismo, os trabalhadores são "livres" para trocar a sua força de trabalho por salários com aqueles que possuem os meios de produção (capitalistas). Ele estava sendo irônico: no capitalismo, os trabalhadores são juridicamente livres (ao contrário dos escravos, por exemplo), mas e se "escolherem" não trocar a força de trabalho por salário? A questão era que, no capitalismo, a compulsão jurídica e política que impõe o trabalho, como a escravidão e a servidão nos tipos anteriores de sociedade de classes, é substituída pela "compulsão surda das forças econômicas": venda a sua força de trabalho ou passe fome – a "escolha" é sua!

E a acumulação primitiva

A produção generalizada de mercadorias, a acumulação e a mercadoria da força de trabalho não surgiram totalmente formadas, de repente, tudo ao mesmo tempo e em toda parte. Onde e quando surgiram, como e por que são perguntas muito contestadas em

---

[1] A *taxa de mais-valia* é a razão entre o valor novo e o valor do capital variável investido para produzi-lo, enquanto a *taxa de lucro* é a razão entre o valor novo e o valor do capital constante *e* variável investidos para produzi-lo.

debates sobre a origem e o desenvolvimento do capitalismo. Um conceito fundamental desses debates é a acumulação primitiva: o processo pelo qual passam as sociedades pré-capitalistas na transição para o capitalismo. As condições sociais de produção, exploração e acumulação capitalistas tiveram, a princípio, de se estabelecer pelos meios disponíveis nas sociedades pré-capitalistas. Em consequência, a acumulação primitiva costuma ser identificada como relações e dinâmicas "não de mercado" ou "coação extraeconômica", como distinta da compulsão das forças econômicas derivada do mercado, característica do capitalismo desenvolvido.

Origem do capitalismo 1: vias de transição agrária

A via inglesa

Para alguns estudiosos, o capitalismo moderno só surgiu com as revoluções industriais do fim do século XVIII em diante. Sem dúvida, o aparecimento da industrialização moderna (baseada em fábricas) e tudo o que a acompanha constitui um rompimento decisivo com toda a história anterior, que era a de sociedades principalmente agrárias. No entanto, para outros estudiosos, a *transição para a lavoura capitalista* precedeu e possibilitou a primeira Revolução Industrial subsequente na Inglaterra. Nessa descrição, a origem do capitalismo ocorreu como transição a partir do feudalismo da Europa, originalmente na Inglaterra, durante os séculos XV e XVI. O feudalismo se baseia na relação de classes entre a propriedade de terras e a mão de obra camponesa, na qual o "excedente" produzido pelos camponeses é apropriado pelos senhores de terras por meio de várias formas de arrendamento, como observado no capítulo I. Os camponeses produziam a sua subsistência em pequenas lavouras pelas quais pagavam arrendamento ou tributo a um senhor de terras feudal, e também tinham de trabalhar na propriedade do senhor como uma forma de trabalho servil ou arrendado (ver o Quadro 3.1, do capítulo III).

Houve uma certa crise socioeconômica geral na Europa no fim da época medieval (séculos XIV e XV), com resultados diferentes nas várias sociedades feudais. A Inglaterra foi a primeira em que o feudalismo aos poucos deu lugar a uma nova estrutura agrária de classes baseada na propriedade capitalista de terras, no capital agrário e na mão de obra sem terra. A *propriedade capitalista de terras* é diferente da propriedade de terras nas sociedades agrárias de classes pré-capitalistas porque agora a terra se torna uma mercadoria sobre a qual os donos têm direitos de propriedade privada; portanto, a terra é alienável, isto é, pode ser comprada e vendida, arrendada ou alugada. Isso significa que proprietários capitalistas de terras no campo não a lavram em pessoa necessariamente (como lavradores capitalistas), mas podem arrendá-la a quem o faça.

Existiam formas de arrendamento na lavoura das sociedades agrárias antes do capitalismo e esse tipo de locação continua generalizado hoje em algumas regiões do Terceiro Mundo, principalmente na Ásia, como no exemplo do meeiro de Bangladesh citado na Introdução. Na transição, na Inglaterra, para o capitalismo agrário, a característica mais notável foi que os lavradores rendeiros representavam um *capital agrário* emergente, isto é, eles arrendavam terra agrícola com base comercial e *com propósitos comerciais*: para investir na produção de mercadorias com a intenção de lucrar e acumular. Em resumo, era capital produtivo; daí, vem a pergunta: quem fornecia a mão de obra para trabalhar nas lavouras arrendadas?

Isso se liga à terceira classe crucial do capitalismo agrário: *a mão de obra sem terra*. É claro que "sem terra" é um marcador social muito potente nas sociedades agrárias. Quem não tiver terra para trabalhar – seja acessada pelos direitos de uso concedidos por pertencer a uma comunidade de lavradores, por alguma forma de arrendamento ou por abrir novas fronteiras de cultivo – como garantirá os meios de subsistência? Durante a acumulação primitiva, formou-se uma classe de mão de obra sem terra com a expropriação dos lavradores camponeses, condição necessária para a sua *proletarização*. No caso inglês, o mecanismo de expropriação foi a conversão da terra em mercadoria: a sua mercantilização (e arrendamento para lavradores rendeiros capitalistas). A mercantilização da terra incluiu o cercamento das terras comunais: as terras usadas pelas comunidades camponesas como pasto para o gado, para recolher lenha, pescar e caçar e outras atividades que constituíam um complemento necessário à subsistência obtida com o cultivo.

Embora conseguisse identificar certas características do surgimento do capitalismo que têm importância geral, Marx o fez com base numa experiência histórica específica, a da Inglaterra. Isso não surpreende, pois escreveu a sua obra da maturidade quando a Grã-Bretanha era a economia capitalista mais avançada e em pleno processo da primeira Revolução Industrial. No entanto, devemos observar que o caso "clássico" de transição agrária da Inglaterra pode ser considerado excepcional exatamente *porque* foi a primeira dessas transições. Em resumo, a via inglesa não constitui necessariamente um modelo de transição agrária geral e plausível, nem nos mecanismos (o modo como aconteceu) nem na forma específica (a trindade de classes de propriedade capitalista de terras, capital agrário e mão de obra proletarizada). Vários exemplos históricos conhecidos ilustram essa questão.

As vias prussiana e norte-americana

Somada à via inglesa de transição de Marx, Lênin (1870-1924) distinguiu as vias que chamou de prussiana e norte-americana (Lênin, 1964a). Na via prussiana, a propriedade feudal de terras pré-capitalista se transforma em produção capitalista de mercadorias, convertendo a força de trabalho anterior de camponeses em trabalhadores assalariados dependentes – e, muitas vezes, recrutando também mão de obra rural sazonal em outras regiões rurais pobres.[2] Lênin a chamou de via prussiana porque o exemplo foi o leste da

---

[2] Esse é um padrão conhecido em muitas regiões rurais do Sul e mesmo do Norte de hoje: os africanos do oeste e do norte no sul da Europa; os europeus do leste e do centro no norte da Europa; os latino-americanos nos Estados Unidos.

Alemanha no século XIX (cujos trabalhadores rurais migrantes vinham da Polônia).

A via norte-americana se distinguiu porque o capitalismo agrário do norte e do oeste dos Estados Unidos não surgiu a partir de uma transição do feudalismo, como no Velho Mundo da Europa (e de partes da América Latina colonial, ver o capítulo III). Na via norte-americana, a lavoura capitalista surgiu com pequenos proprietários antes independentes que se submeteram cada vez mais à compulsão econômica das relações mercantis a partir do final do século XVIII (Post, 1995). Nessas condições históricas, a diferenciação de classe de lavradores (a princípio) pequenos é fundamental, tema apresentado anteriormente e examinado nos capítulos seguintes. Para Lênin, a via norte-americana era uma possibilidade mais progressista para a Rússia do que a via prussiana, centrada numa classe autocrática de militares e proprietários de terra de origem feudal: os Junkers prussianos e os seus equivalentes na Rússia tsarista.

Quadro 2.1 – Vias de transição agrária: Inglaterra, Prússia, Estados Unidos

	Camponeses	Proprietários de terra	Forma de produção	Caráter da transição
Via inglesa (séc. XV-XVIII)	De servos a rendeiros (séc. XIV-XV); diferenciação gradual do campesinato.	De senhores feudais a proprietários privados de terras (séc. XVI-XVIII, inclusive cercamentos).	"Trindade" de propriedade capitalista de terras; lavradores capitalistas (inclusive rendeiros); trabalhadores rurais assalariados.	Transição original para a lavoura capitalista; entre as características especiais, proprietários "progressistas" dispostos a restringir o custo do arrendamento para estimular o investimento em produção. → "Revolução Agrícola" do séc. XVIII.

	Camponeses	Proprietários de terra	Forma de produção	Caráter da transição
Via prussiana (séc. XVI-XIX)	Abolição da servidão em 1807 (influenciada pela Revolução Francesa).	Junkers (ver parágrafo anterior).	De alguma produção senhorial na propriedade dos grandes senhores (*Grundherrschaft*) para a economia de propriedades comerciais (*Gutherrschaft*) com maioria de mão de obra assalariada e restringida (ex-servos); a partir da década de 1870, cada vez mais mão de obra assalariada (migrante).	"Metamorfose interna da economia de proprietários feudais" (Lênin); ou "capitalismo de cima para baixo"; contraste entre o sul e o oeste da Alemanha: sem classe de Junkers, diferenciação camponesa → surgimento da lavoura capitalista "de baixo para cima".
Via norte-americana (séc. XIX)	Sem feudalismo; pequenos lavradores independentes no Norte (séc. XVII-XVIII), grandes fazendas escravistas no Sul (séc. XVII-XIX).	Sem grandes propriedades de terras, a não ser as fazendas do Sul.	Conversão de pequenos lavradores independentes em pequenos produtores de mercadorias a partir do fim do séc. XVIII; disseminação da lavoura familiar (comercial) a partir da década de 1860, principalmente com a colonização a oeste do Mississippi, apoiada pelo governo; relativa escassez de mão de obra e alto custo do salário → mecanização a partir da década de 1870.	Pequena produção de mercadorias "de baixo para cima" no nordeste do país e na colonização das pradarias; lavoura capitalista na Califórnia (séc. XIX); transição retardada para a lavoura capitalista em grande escala no Sul (principalmente a partir de 1945).

As três vias até aqui delineadas estão resumidas no Quadro 2.1, que se baseia na influente obra de Terence J. Byres (1996).

Vias da Ásia oriental

Byres (1991) também chamou a atenção para as contribuições agrárias distintas do Japão e da Coreia do Sul para a industrialização capitalista, resumidas no Quadro 2.2. Nesses casos, não houve transição para o capitalismo agrário como na via inglesa, com a expropriação do campesinato por meio do cercamento de terras. O que temos aqui é a acumulação primitiva para a industrialização por meio da "tributação esmagadora do campesinato pelo Estado *e transformação de parte dos meios assim obtidos em capital*" como explicou Preobrajensky (1965, p.85, ênfase minha).[3]

Esses esboços de vias de transição nos dão uma ideia da variação e da complexidade históricas e dos desafios para a análise. Por exemplo, nos casos da Ásia oriental, a agricultura camponesa contribuiu com parte do seu "excedente" para a industrialização capitalista *sem* a transição para o capitalismo agrário, como aconteceu, de maneiras diferentes, nas vias inglesa, prussiana e norte-americana. Isso leva a perguntas mais amplas:

- O desenvolvimento do capitalismo (sempre) exige primeiro uma transição para o capitalismo agrário (como no caso inglês)?
- Haverá uma variedade maior de ligações possíveis entre o desenvolvimento do capitalismo e os processos de mudança agrária, em termos de motores de mudança e formas por eles geradas de produção da terra?

---

3 É claro que a história foi mais complicada, como são todos os processos históricos; embora submetidos a tributação crescente durante o século XIX e o começo do século XX, os lavradores japoneses, estimulados pelos donos da terra e pelo Estado, também aumentaram substancialmente as safras de arroz e geraram uma série de indústrias locais dinâmicas com matéria-prima agrícola (Francks, 2006).

- O desenvolvimento do capitalismo será mais bem entendido, teórica e historicamente, em termos de vias "nacionais" diferentes (Inglaterra, Prússia, Estados Unidos, Japão, Coreia) ou em termos do efeito em épocas e lugares diferentes da origem do capitalismo, assim como do seu desenvolvimento subsequente, como "sistema mundial"?

Quadro 2.2 – Vias de transição: Ásia oriental

	Camponeses	Proprietários de terra	Forma de produção	Caráter da transição
Via japonesa (séc. XIX-XX)	Principalmente arrendamento e aumentado (década de 1860 a 1940).	Principalmente residentes no campo e com interesse em melhorar a lavoura	Lavoura familiar de arrendatários (com indústria e artesanato locais extensivos) até a reforma agrária pós-1945 → cultivadores proprietários	Acumulação primitiva por meio de tributação (*versus* expropriação) do campesinato; papel fundamental do Estado.
Via sul-coreana (a) Período colonial japonês (primeira metade do séc. XX)	Principalmente arrendamento (como no Japão).	Japoneses (colonizadores) e nativos.	Intensidade extrema do trabalho em fazendas camponesas sujeitas a arrendamentos e impostos altos.	Sem transição nesse período, mas com algum investimento pelo Estado colonial (p. ex., em irrigação) para promover a produção de arroz e açúcar para exportar para o Japão.
(b) Reformas agrárias das décadas de 1950 e 1960	Cultivadores proprietários	Cultivadores proprietários	Extrema intensidade do trabalho em fazendas familiares.	O Estado estimula a acumulação primitiva para a industrialização, facilitada pela elevada tributação do campesinato.

A seguir, para responder a essas perguntas e a outras semelhantes esboço uma abordagem que difere da investigação de vias "nacionais" específicas de transição para o capitalismo agrário.

Origem do capitalismo 2: a longa marcha do capitalismo comercial

Essa abordagem da origem e do desenvolvimento do capitalismo antes da industrialização moderna se concentra na longa história do "capitalismo comercial" – a partir do século XII, segundo alguns estudiosos, ou, mais comumente, a partir de meados do século XV. Essa abordagem se desenvolve em termos explicitamente marxistas na obra de Jairus Banaji (2010) e, de maneira diferente, na de Giovanni Arrighi (1994), que dá mais ênfase aos ciclos de acumulação financeira e formação do Estado e menos ênfase às relações de classe entre capital e trabalho. O ambicioso projeto de Jason Moore (2003; 2010a; 2010b) visa explicar essa história mais longa do desenvolvimento do capitalismo em termos das ligações entre padrões de acumulação, da sua geografia cada vez mais extensa de "fronteiras mercantis" (na agricultura, na exploração de florestas, na mineração, na energia) e da mudança ecológica.

O capital no capitalismo comercial

Entre os principais atores dessa longa história do capitalismo comercial estão as classes de proprietários de terras aristocráticos (e, mais tarde, coloniais) que organizaram a produção especializada de mercadorias nas suas propriedades (Banaji, 1997); de mercadores que adiantaram crédito e matéria-prima a artesãos e outros produtores de bens manufaturados (Banaji, 2007); de capitalistas em atividades extrativas de rápido crescimento, como mineração e exploração de florestas (Moore, 2003; 2010a); além da classe dos financistas, que financiou, direta ou indiretamente, boa parte dessa evolução, enfatizada por Arrighi (1994; também Banaji, 2007). Afirma-se que todos eram capitalistas em sentido genuíno: exploravam a mão de obra para gerar lucro; investiam para expandir a escala da produção, muitas vezes por meio do aumento de produtividade; e desenvolviam e financiavam novos locais e fontes de produção de mercadorias e de mercados.[4] E tudo isso pôde acontecer antes do surgimento do capital industrial moderno e, em muitos casos, antes ou de forma independente do novo tipo de mão de obra e de capital agrário gerado pela via inglesa de transição.

O trabalho no capitalismo comercial

A exploração do trabalho estimulada pela necessidade de expandir a escala de produção em busca de lucro serve de definição resumida e útil do que faz o capital em todas as suas diversas formas. Há alguma definição igualmente concisa que se aplique às formas historicamente variadas do trabalho que o capital explora? O que deixa o trabalho sujeito à "subsunção" ao capital (outra palavra usada por Marx) e, portanto, à exploração?

Observei antes a resposta mais comum a essa pergunta: os que possuem apenas a força de trabalho ou a capacidade de trabalhar (proletários) têm de vendê-la em troca de salário para obter a subsistência (meios de reprodução). No entanto, nas transições para o capitalismo, os pequenos lavradores podem perder a capacidade de se reproduzir fora da relação mercantil e do mercado *sem*, necessariamente, serem expropriados da terra (e de outros meios de produção). Na verdade, essa dinâmica da *mercantilização da subsistência*, como diz Robert Brenner (2001), pode ser uma base mais genérica da subsunção do trabalho ao capital do que a expropriação pura e simples em geral sugerida pela noção de "proletarização". Com

---
4 Moore (2010a) mostra uma evolução importantíssima das forças produtivas na extração de prata, na produção de açúcar, na exploração das florestas, na siderurgia e na construção de embarcações no século decorrido depois de 1450. Observe-se, contudo, que essa lista não inclui a lavoura de grãos.

efeito, a condição de mão de obra assalariada e "livre" representaria, portanto, apenas uma forma, ainda que mais "avançada", de mercantilização da existência.

Assim como o "capitalismo comercial" pode empregar noções mais amplas e flexíveis de "capital" e "capitalista" do que as que se costuma associar ao "modo de produção capitalista" de Marx, que ele teorizou em relação ao capitalismo industrial, o mesmo se aplica ao seu conceito de classes de trabalho. O ponto crucial do argumento de Banaji é que o capital é capaz de explorar o trabalho por meio de uma grande variedade de arranjos sociais em circunstâncias históricas diferentes, inclusive a escravidão na produção especializada de mercadorias em grandes plantações. Ele consegue fazer comparações informativas entre regimes e processos de trabalho em propriedades de terras comerciais que vão do período final do Egito romano ao período colonial do México e do Peru e às *haciendas* da América Latina independente e das fazendas de colonos europeus na África do Sul e no Quênia colonial (Banaji, 1997). Além disso, tais comparações demonstram que, muitas vezes, categorias como "mão de obra sem terra", "lavradores meeiros" e "pequenos camponeses" são fluidas e ambíguas na realidade social, porque as mesmas pessoas podem passar de uma dessas posições a outra em momentos diferentes e até ocupá-las ao mesmo tempo. As supostas fronteiras entre trabalho "livre" e "não livre" também podem ser fluidas e ambíguas. Mesmo que continue a ser a forma de trabalho mais "avançada" do capitalismo e o seu peso relativo aumente conforme o capitalismo se desenvolve, a mão de obra assalariada, proletária e "livre" (como explicado anteriormente) não é o único tipo de trabalho explorado pelo capital e, portanto, não pode definir sozinha a origem e o desenvolvimento do capitalismo.

"Vias" de transição e o "histórico mundial" do capitalismo

Finalmente, é de espantar que os que se concentram nessa história mais antiga de "capitalismo comercial" defendam que o capitalismo era "mundialmente histórico" bem na sua origem, isto é, que envolvia necessariamente padrões internacionais de comércio e finanças. Uma boa ilustração disso são os quatro "regimes de acumulação" sucessivos de Arrighi na história do sistema mundial capitalista (Arrighi; Moore, 2001): o ibero-genovês (século XV ao início do século XVII), o holandês (fim do século XVI até o fim do século XVIII), o britânico (meados do século XVIII ao início do século XX) e o norte-americano (desde o fim do século XIX, com a sua hegemonia ou domínio a se erodir a partir do fim do século XX [?]). Segundo esse ponto de vista, a transição original para o capitalismo agrário na Inglaterra ocorreu durante um período de hegemonia holandesa no capitalismo mundial, enquanto a Grã-Bretanha só se tornou hegemônica com a sua pioneira Revolução Industrial.[5]

Teoria e história: complexidades

Aqui, a discussão revela duas concepções contrastantes de capitalismo agrário. Uma se baseia numa generalização da via inglesa original e da sua estrutura de classes, com propriedade capitalista de terras e capital agrário que emprega mão de obra assalariada sem terra (proletária), como capaz de definir sozinha o capitalismo agrário. A outra se exprime com a rejeição de Banaji a todo capitalismo agrário isolado, uniforme ou "puro" e a sugestão de que é melhor

---

5 Observe-se que os Países Baixos ficaram logo atrás da Inglaterra na posição de primeira transição para o capitalismo agrário – embora, outra vez, por uma via um pouco diferente –, assim como na industrialização capitalista precoce. O esquema de Arrighi indica uma mudança do centro de poder econômico no desenvolvimento global do capitalismo do sul para o norte da Europa e das finanças e do comércio mediterrâneos para os atlânticos.

"pensar no capitalismo agrário como [...] baseado na expropriação e no controle da mão de obra pelas classes agrárias dedicadas à lavoura como empresa" (Banaji, 2002, p.115). Ele enfatiza que há muitas formas concretas de expropriação e controle da mão de obra agrária pelo capital em circunstâncias históricas diferentes: diversas trajetórias da subsunção do trabalho ligadas a trajetórias distintas de acumulação.

Outra questão controversa sobre a qual as duas abordagens divergem é se as abstrações formuladas por Marx para teorizar o "modo de produção capitalista" industrial poderiam e deveriam ser aplicadas *retroativamente* para entender a origem e o início do desenvolvimento do capitalismo em sociedades primariamente agrárias. Consideremos, por exemplo, as seguintes perguntas:

- Com que precisão a distinção entre capital investido na produção e na circulação de mercadorias, caracterizada respectivamente como capital industrial e mercantil em *O capital* de Marx, deve se aplicar à história do "capitalismo comercial" *antes* da industrialização?
- Com que precisão a força de trabalho, base da apropriação de mais-valia (exploração) e, portanto, do lucro capitalista, deve se limitar aos proletários empregados como trabalhadores assalariados "livres"?
- Como decidir, na grande variedade histórica de formas específicas de capital e trabalho, quais são ou não "capitalistas" (elementos constituintes da origem e do desenvolvimento do capitalismo)? Quando não, é proveitoso dizer que são "pré-capitalistas"? Fazem parte da acumulação primitiva? Ou, por outro lado, representam formas menos ou mais "avançadas" de capitalismo nos vários lugares e momentos do seu desenvolvimento?
- As formas menos "avançadas" de capital e trabalho em setores e ramos específicos de um sistema capitalista mais amplo, em lugares e épocas determinados, estarão ligadas a formas mais "avançadas" como aspecto constituinte do

desenvolvimento extremamente desigual do capitalismo em escala global?

Anteriormente, já toquei na primeira e na segunda perguntas. A terceira e a quarta, especificamente, indicam um movimento das ideias e debates sobre a origem do capitalismo rumo a ideias e debates sobre a formação e o funcionamento de uma economia capitalista mundial. Fundamentais, nesses últimos, são as várias fases do colonialismo europeu entre os séculos XVI e XX, o que as estimulou, que forma assumiram e o tipo de mudança agrária que induziram e suas consequências – tema do capítulo III. Veremos que as interpretações dessa dinâmica histórica mundial são configuradas, em certos aspectos importantes, pelo tipo de questões aqui observadas a respeito de abordagens alternativas da origem do capitalismo.

III
COLONIALISMO E CAPITALISMO

A história de quando e como o capitalismo se desenvolveu como sistema mundial nas diversas regiões do mundo moderno é diversificada e complexa. Neste capítulo, só posso esboçar um elemento básico da formação do mundo moderno: os tipos diferentes de colonialismo impostos à América Latina, Ásia e África em épocas diferentes e alguns dos seus efeitos.

Fases do colonialismo

Feudalismo e capitalismo comercial (século XVI)

As motivações, as formas e a intensidade cumulativa da "expansão da Europa" por meio do colonialismo foram estimuladas a princípio pelas crises interligadas do feudalismo e do desenvolvimento do capitalismo comercial (capítulo II). No século XVI, o domínio colonial começou a se impor nas Antilhas e em partes da América Latina, onde a conquista espanhola teve efeitos demográficos e ecológicos devastadores. A busca de tesouros que primeiro provocou a exploração do caminho marítimo ocidental da Europa para as Índias levou à abertura das grandes minas de prata do Peru e depois do México, absorvendo uma quantidade enorme de trabalho geralmente forçado das populações indígenas. As economias nacionais e o comércio marítimo da Espanha e de Portugal, que colonizou o Brasil, enfrentariam concorrência crescente, principalmente da Inglaterra e da Holanda, pequenos países do noroeste da Europa que passavam rapidamente para o capitalismo agrário e, em seguida, industrial (capítulo II).

Mercadores, escravos e grandes plantações (séculos XVII e XVIII)

No decorrer do século XVII, as novas formas de povoação, produção e comércio coloniais foram exemplificadas pelo interesse britânico na América do Norte e pela atividade britânica e holandesa nas Antilhas. A colônia da Virgínia, na América do Norte britânica, criou uma economia de grandes plantações baseada primeiro na mão de obra de servos contratados na Europa e depois na mão de obra escrava da África. A exportação de fumo e algodão das colônias norte-americanas e de açúcar das colônias caribenhas viriam a se tornar mais importantes para a economia britânica, principalmente para a classe manufatureira em surgimento, do que as especiarias e sedas de luxo do comércio asiático. Em resumo, a colonização britânica da América do Norte e das Antilhas deu início a um novo tipo de comércio internacional que interligava a produção nas colônias de matéria-prima em grande escala para manufatura na Europa, a obtenção de mão de obra escrava na África para a produção nas grandes plantações e o desenvolvimento de mercados nas colônias para as mercadorias europeias. O primeiro grande destino do comércio de escravos africanos foram as plantações de cana-de-açúcar do litoral do Brasil. Os holandeses tiveram papel de liderança na disseminação da produção escravista no litoral do continente e nas Antilhas para atender à demanda de mercadores e refinadores de açúcar da Holanda, enquanto os britânicos desenvolveram o sistema de grandes plantações escravistas na região que hoje é o sul dos Estados Unidos.

Apesar de todos esses momentos importantes da colonização e da sua ligação com a trajetória da acumulação na Europa, a segunda metade do século XVII foi um período de relativo declínio do comércio internacional europeu e da fortuna das suas companhias marítimas mercantis. Isso estava ligado a eventos turbulentos na Europa, como um novo e importante tipo de guerra comercial mercantilista, travada principalmente no mar por frotas armadas.

No século XVIII aconteceu uma renovação e a intensificação da expansão europeia. Houve um grande crescimento do comércio atlântico de escravos trazidos da África ocidental, e aventureiros e mercadores europeus ampliaram a exploração, a pilhagem e a busca de vantagens comerciais no litoral da África e no interior da Ásia. Essas atividades continuaram e desenvolveram as formas de expansão iniciadas no século XVI, marcadas por conflitos armados de europeus entre si e entre eles e os povos das regiões onde buscavam impor o seu domínio. Os britânicos derrotaram os franceses para controlar a Índia e o Canadá, casos que demonstram como eram distantes as regiões da expansão colonial europeia e generalizada a concorrência em meados do século XVIII.

Em resumo, durante os séculos XVII e XVIII a "expansão da Europa" se intensificou, e criou-se uma divisão de trabalho internacional reconhecível. A maior parte da colonização foi realizada por companhias mercantis e não pelos Estados europeus propriamente ditos, com exceção notável de Espanha e Portugal na América Latina. Ao mesmo tempo, é claro que os Estados europeus apoiavam os seus mercadores – como as Companhias das Índias Orientais britânica e holandesa – por meios políticos, diplomáticos e militares, acima de tudo navais.

Capitalismo industrial e imperialismo moderno (séculos XIX e XX)

Durante o século XIX, a economia capitalista mundial configurou-se cada vez mais pela industrialização, com um ponto de virada na década de 1870 e o início da "Segunda Revolução Industrial" (ver o capítulo IV). Isso gerou demanda para uma quantidade cada vez maior de mercadorias agrícolas tropicais para processamento e manufatura, além de minérios das minas coloniais. A partir da década de 1870, o mundo vivenciou investimentos internacionais crescentes em setores extrativos coloniais (mineração, agricultura camponesa e em grandes plantações) e nos seus vínculos de transporte com os mercados mundiais (ferrovias, navios); a última grande onda de expansão colonial (na África Subsaariana, no sudeste e no oeste da Ásia), agora encetada pelos Estados europeus e não por companhias mercantis; exposição crescente da indústria britânica, em parte protegida pelo Império, à concorrência da industrialização rápida da economia da Alemanha e dos Estados Unidos; e o surgimento do Japão como primeira potência industrial não ocidental.

A África exemplificou a rapidez da última onda de expansão colonial. Em 1876, as potências europeias dominavam cerca de 10% da África, principalmente as regiões do norte em torno do Mediterrâneo e as colônias que mais tarde se tornariam a África do Sul. Em 1900, tinham ampliado o seu domínio para 90% do continente. A "corrida pela África", formalizada em 1884-1845 na Conferência de Berlim, ocorreu durante a primeira grande manifestação dos ciclos de expansão seguidos de retração da nova economia mundial do capitalismo industrial, notadamente a grande depressão da Europa no final do século XIX (1873-1896), seguida pela "época de ouro" de 1896 a 1914.

Para Lênin (1964b), a grande depressão do fim do século XIX marcou uma virada fundamental do estágio anterior "competitivo" do capitalismo para o que chamou de capitalismo monopolista ou imperialismo, caracterizado pela concentração de capital sob a forma de grandes empresas industriais intimamente ligadas aos bancos. "Monopólio" não significa que a concorrência deixasse de existir, mas que assumiu formas mais extremadas e perigosas, que, em 1914, levaram à Primeira Guerra Mundial, o estímulo imediato para a teoria do imperialismo de Lênin. Ele afirmou que a expansão colonial europeia do fim do século XIX, ao contrário das ondas anteriores de colonização, foi provocada pela necessidade de encontrar novos mercados para a *exportação* de capital, por duas razões. Uma foi a dinâmica de aceleração constante da acumulação, para a qual o capitalismo industrial precisava de fontes crescentes de matéria-prima e mercados ainda maiores para os seus bens manufaturados. A segunda foi a busca de oportunidades de investimento no exterior, porque a concorrência intensa na Europa reduzia a taxa de lucro do capital.

A teoria do imperialismo de Lênin foi criticada com bases analíticas, empíricas e ideológicas. Uma das críticas é que dois elementos principais que ele identificou no imperialismo eram exemplificados por países europeus com vias de desenvolvimento capitalista muito diferentes e com possessões coloniais de escala muitíssimo diversa. De um lado, a Grã-Bretanha exemplificava a exportação de capital e tinha, de longe, o maior império colonial, embora uma parte muito maior do seu investimento estrangeiro fosse para os países de colonização europeia nas Américas do que para as suas colônias na Ásia e na África. De outro, a Alemanha daquela época exemplificava melhor a combinação e a concentração de empresas industriais gigantescas e bancos, que Lênin (seguindo Hilferding, 1981) chamava de "capital financeiro", e tinha poucos territórios coloniais. Outra crítica é que Lênin superestimou os processos que identificou, o que se vê com mais clareza na "globalização" de hoje do que no início do século XX.[1]

Embora Lênin buscasse ligar a depressão econômica do fim do século XIX ao surgimento do imperialismo moderno e à última grande onda de colonização capitalista, parte da continuação do interesse pela sua teoria se deve ao fato de que o imperialismo, no sentido dado por ele, não depende de colônias. No mundo de 1916, ele ilustrou isso citando a Argentina, país com independência política (povoado principalmente pela imigração europeia) que ele descrevia como "semicolônia" do capital britânico, e Portugal,

---

[1] Observe-se que os historiadores de hoje costumam se referir às décadas decorridas antes de 1914 como a primeira "época de ouro" da globalização.

como tipo de Estado-cliente da Grã-Bretanha e, ao mesmo tempo, potência colonial de menor escala na África e na Ásia (tendo perdido o Brasil, antiga joia da coroa imperial).

Portanto, imperialismo, como forma internacional distinta do capitalismo moderno, tem significado diferente do sentido comum de "império" como entidade política, do qual o Império colonial britânico era simplesmente um exemplo dentre muitos, como o Império romano ou os impérios históricos do oeste, sul e leste da Ásia. Lênin deixou claro que o imperialismo moderno sobreviveria ao fim do colonialismo. Além disso, é possível afirmar que o imperialismo, como economia mundial totalmente capitalista, só se completaria com a independência do colonialismo na Ásia e na África, abrindo caminho para a "compulsão surda das forças econômicas", em termos nacionais e internacionais, para substituir a coação política e jurídica do domínio colonial (Wood, 2003).

Nos capítulos IV e V, tenho mais a dizer sobre o período posterior ao fim do império colonial. A seguir, quero aprofundar rapidamente essa visão geral do capitalismo e do colonialismo e esboçar como o colonialismo afeta a vida dos indivíduos nas sociedades agrárias a ele submetidas, com atenção específica ao trabalho e à terra.

Colonialismo e mudança agrária

O projeto colonial dependia de fazer as colônias "se pagarem" e gerar lucro para suas potências. Isso significava controlar o trabalho dos súditos coloniais das sociedades agrárias, o que exigia intervir nas suas instituições e práticas de distribuição e uso da terra, às vezes destruindo-as, às vezes modificando-as. A formação da economia colonial envolvia o rompimento dos modos pré-coloniais de subsistência camponesa e de arrendamento (nas sociedades agrárias de classes). Aqui, só posso ilustrar alguns modos pelos quais as potências coloniais tentaram reestruturar os vários tipos de relações agrárias que encontraram (em diversos lugares e em épocas diferentes) e alguns efeitos (propositais ou não) de como o fizeram.

América Latina e Antilhas

A mudança agrária colonial mais antiga ocorreu nas Antilhas, na América Latina e na América do Norte: as principais regiões de produção escravista na economia mundial capitalista em surgimento, das plantações de cana-de-açúcar do Brasil português e, mais tarde, das Antilhas francesas e britânicas até as grandes plantações de algodão e fumo das colônias sulistas da América do Norte britânica. No momento da conquista colonial, essas zonas de grandes plantações do Novo Mundo eram povoadas de maneira relativamente escassa principalmente por sociedades de "subsistência". A expropriação forçada dos povos indígenas para ocupar a terra foi conseguida com relativa facilidade, e os grandes fazendeiros coloniais resolveram o problema de oferta de mão de obra importando escravos. A escravidão foi finalmente abolida no Império britânico em 1833 e continuou até 1865, 1888 e 1889, respectivamente, nos Estados Unidos, no Brasil e em Cuba.

A partir do fim do século XVII, em quase toda a América espanhola, outra forma de propriedade da terra dominava a vida econômica do campo e boa parte da vida social, política e cultural: a *hacienda*, ou seja, a fazenda ou propriedade de terra. O sistema da *hacienda* adaptava as práticas e instituições feudais bem conhecidas pelos colonos espanhóis. Combinava a concessão aos colonos do direito de cobrar tributos das comunidades indígenas sob a forma de bens ou trabalho (*encomienda*) e do direito à terra (*mercedes de tierras*), originalmente em troca de serviço militar prestado à coroa espanhola. A combinação de terra e trabalho na *hacienda* criou um tipo de propriedade de terra estruturalmente muito parecido com os feudos europeus, inclusive nas duas formas básicas de organizar a lavoura, como mostra o Quadro 3.1 (baseado em Kay, 1974).

Assegurar o controle da mão de obra rural dependia de expropriar e cercar a terra, para reduzir o acesso dos lavradores indígenas aos seus meios de subsistência. A extensão das diversas formas do sistema da *hacienda* refletiu vários fatores. A sua formação e extensão envolveram lutas prolongadas, principalmente em regiões com densidade populacional mais alta e comunidades camponesas fortes, como em partes da América Central e no altiplano andino. Em áreas mais escassamente povoadas, como as planícies da Argentina, do Uruguai e do Chile, a formação da *hacienda* veio depois e foi mais veloz, com a oferta de mão de obra encontrada mais através da imigração.

Quadro 3.1 – Dois tipos de *hacienda*

Uso da terra	Regime de trabalho	Forma de apropriação de excedentes
a) Propriedade multilavoura (principalmente camponesa).	Cultivo pelos camponeses da terra a eles atribuída e controle do processo de trabalho.	Arrendamento em gêneros, arrendamento em dinheiro, divisão da colheita.
b) Propriedade do senhor de terras (lavoura do senhor, mais roças de "subsistência" do camponês ou *minifúndios*).	Os camponeses trabalham cada vez mais na lavoura (ampliada) do senhor enquanto mantêm as suas roças de subsistência.	Arrendamento em trabalho (= trabalho não pago na lavoura do senhor).

Outro fator fundamental além do lugar é o tempo. As lutas entre senhores de terras coloniais e camponeses indígenas também foram afetadas por padrões históricos da comercialização da agricultura no mercado mundial flutuante e em desenvolvimento. Enquanto o potencial de lucratividade da lavoura crescia com o aumento da demanda do mercado, os senhores de terras buscaram ampliar as suas lavouras e extrair mais trabalho dos rendeiros da *hacienda*, convertendo assim o arrendamento em gêneros ou o dinheiro de arrendamento em trabalho. Quando enfrentaram escassez de mão de obra para a sua lavoura comercial *e* lhes faltou capacidade para resolver isso por meios coercitivos, os senhores de terras tiveram de pagar aos rendeiros pelo trabalho, pelo menos em parte, o que indica uma transição do arrendamento em trabalho para o trabalho assalariado (como aconteceu em várias vias de transição na Europa).

Há muito debate entre historiadores sobre onde, o quanto e *quando* as práticas de servidão por dívida se prestaram ao recrutamento de mão de obra para grandes propriedades comerciais.

A servidão por dívida é um arranjo no qual os endividados, geralmente pequenos lavradores e trabalhadores rurais sem terra, têm de pagar a dívida trabalhando para o credor – proprietário de terras, lavrador rico, mercador ou, o que é bastante comum na Ásia, terceiros que compram ou "arrendam" a dívida. Alguns estudiosos afirmam que a transição para o trabalho assalariado na América Latina começou relativamente cedo (a partir do século XVII, em algumas regiões de produção comercial nas *haciendas*), ainda que, com frequência e por longos períodos, também fosse marcada por elementos de servidão por dívida e outras restrições à "liberdade" da mão de obra assalariada. Isso envolve questões de caracterização do trabalho agrícola observadas no capítulo II e às quais voltarei no fim deste capítulo.

A maior parte da América Latina se tornou independente do domínio colonial na primeira metade do século XIX (antes que a maior parte da África fosse colonizada), com um legado de expropriação generalizada da terra e da sua concentração em *haciendas*; a restrição da maioria das lavouras indígenas a unidades chamadas *minifúndios*, em contraste com os extensos *latifúndios* (outro nome para *hacienda*); e generalização do trabalho rural assalariado, muitas vezes combinado com lavoura marginal e elementos de servidão por dívida e coação estatal.

Entre as décadas de 1870 e 1920, a América Latina viveu uma nova expansão das exportações agrícolas, com ampliação e intensificação da produção das *haciendas* desde as áreas tropical e subtropical da América Central até a produção extensiva de gado e grãos nas pradarias do Uruguai, da Argentina e do Chile. Nas terras baixas do sul do México,

> a combinação de mercado forte para exportações tropicais (sisal, borracha, açúcar), escassez de mão de obra, isolamento geográfico e um [...] Estado disposto a usar a força para apoiar os fazendeiros explica a escravização, para todos os efeitos, de massas de maias e yaquis [...] no México a partir da década de 1870, na Guatemala, onde a redução das terras indígenas foi acompanhada de leis contra

vadiagem, na Bolívia, onde dois terços da população rural se tornou dependente das *haciendas* e, de fato, em toda a espinha dorsal andina, os recursos e meios de vida independente da grande maioria dos habitantes rurais se reduziram. (Bauer, 1979, p.37, 52)

Alguns casos de escassez de mão de obra se resolveram com a imigração. Entre 1847 e 1874, mais de 250 mil trabalhadores chineses labutaram, com contratos de servidão, nas grandes plantações de Cuba e do litoral do Peru. No Brasil, com o fim da escravidão, os produtores de café conseguiram que o governo subsidiasse a imigração em massa de europeus. De 1884 a 1914, cerca de 900 mil imigrantes europeus chegaram a São Paulo, a maioria deles para trabalhar nas fazendas cafeeiras (Stolcke; Hall, 1983).

Hoje, a América Latina talvez tenha a maior variedade de formas de lavoura e relações sociais agrárias do mundo inteiro. Por um lado, há relativamente menos indivíduos no emprego agrícola do que em outras grandes regiões do Sul. O Brasil tem uma concentração extraordinária de moderno capital do agronegócio e especialização técnica e financeira, com potencial de se tornar a maior economia de exportação agrícola do mundo, enquanto os países do "Cone Sul", Argentina, Uruguai e Chile, também são grandes exportadores agrícolas com ramos de lavoura altamente capitalizados e especializados. Por outro lado, há casos de identidade "camponesa" (*campesina*) resistente ou ressurgente em áreas de população indígena mais concentrada da América Central e dos Andes e, mais ao Sul, em zonas de lavoura de colonos em pequena escala. As lutas pela terra e as condições contemporâneas da lavoura geraram alguns movimentos sociais rurais muito conhecidos hoje, como a Via Campesina e o Movimento dos Trabalhadores Rurais Sem Terra (MST) do Brasil.

Sul da Ásia

A expansão britânica do século XVIII para o interior do sul da Ásia, com as suas muitas áreas populosas de lavoura camponesa, acabou criando a maior possessão colonial de todas, a "joia da coroa" do Império colonial britânico. No século XIX, aos poucos o saque deu lugar a considerações mais sistemáticas sobre fontes de renda e lucro: a transição da pirataria para a burocracia, como explicou Barrington Moore (1966, p.342) em relação aos dois sistemas principais de receita da terra na Índia colonial.

O primeiro veio do Acordo Permanente de Bengala e áreas adjacentes do norte da Índia a partir de 1793, no qual os zamindares (cujos descendentes encontramos na primeira cena da Introdução) se transformaram de coletores de rendas e tributos do Estado mogol em senhores com alguns direitos de propriedade da terra. Os autores coloniais do Acordo esperavam que, a partir daí, os zamindares se tornassem uma classe sólida de proprietários burgueses e reproduzissem o capitalismo agrário da Grã-Bretanha. Por várias razões, essa ambição não se concretizou (como muitas fantasias imperiais). O poder dos zamindares variou muitíssimo nas diversas regiões rurais do Raj – Estado colonial, literalmente "reino" em hindi – com as suas dimensões subcontinentais –, em consequência da sua luta com as castas de cultivadores, por um lado, e, de outro, com as classes de capital usurário e mercador.

O acordo de terras de Bengala, assim como a incorporação final de cerca de seiscentos principados ao Raj britânico também foi um meio de conseguir aliados políticos nativos para administrar o vasto domínio colonial. Esse foi um exemplo da prática colonial mais geral de "cumplicidade com estruturas de poder [pré-coloniais] mais antigas" (Bagchi, 2009, p.87), também aplicada anteriormente pelos espanhóis na América Latina com os caciques (reis, chefes ou líderes nativos) e, mais tarde, na África, por meio do "domínio indireto", que incorporava chefes e líderes aos níveis inferiores da hierarquia administrativa colonial para manter a ordem no campo, organizar a coleta de tributos e mobilizar a mão de obra.

O outro grande "acordo" de terras foi o sistema *ryotwari* (de *ryot*, ou camponês), imposto mais ao Sul, em grandes regiões de Bombaim e Madras, que confirmou o direito de propriedade da terra, pelo menos em princípio, aos que a cultivavam, sujeitos ao pagamento anual de um tributo em dinheiro. Barrington Moore (1966, p.344) conclui:

> Os acordos [de terras] foram o ponto de partida de todo um processo de mudança rural pelo qual a imposição da lei, da ordem e do direito associado de propriedade intensificou muitíssimo o problema do parasitismo dos senhores de terras. Ainda mais significativo foi terem eles constituído a base de um sistema político e econômico no qual o estrangeiro, o senhor de terras e o agiota tiraram do campesinato o excedente econômico, não o investiram no crescimento industrial e, assim, eliminaram a possibilidade de repetir a via japonesa para entrar na era moderna.

O argumento de Moore era que os sistemas de terra geralmente tornavam mais lucrativo extrair renda do campesinato de rendeiros que nela trabalhavam do que investir em aumentar a produção e a produtividade agrícola, por isso eram senhores de terras "parasitas" e não produtivos.[2]

No entanto, o Raj britânico não era um colonialismo de povoação como o da América do Norte britânica e da América Latina. Não houve expropriação da terra em escala significativa para acomodar colonos europeus, embora houvesse algumas grandes plantações de produtos de exportação. A maior área isolada de terra cercada estava sob o controle do Departamento de Florestas do governo colonial, boa parte dela dedicada à exploração comercial da madeira; a retirada da floresta das áreas comunais disponíveis para os lavradores camponeses, pastores e povos "tribais" reduziu os recursos com que podiam contar para as atividades de subsistência. Ao mesmo tempo, os camponeses se integraram cada vez mais à economia capitalista internacional por meio da "comercialização forçada", na expressão de Krishna Bharadwaj (1985). Eles tinham

---

2 Nesse aspecto, há alguns paralelos com a antiga *hacienda* colonial da América Latina (no período da *encomienda*) e com a propriedade feudal de terras em termos mais gerais, e um contraste com o papel de "proprietários progressistas de terras" nas transições inglesa e japonesa delineadas no capítulo II.

de suportar cada vez mais encargos monetários; produziam mercadorias para exportação, como algodão, juta e ópio (comercializado com a China para pagar o chá destinado ao consumo britânico), além de alimentos para o mercado nacional e internacional; o arrendamento e tributos pagos sustentavam não só os proprietários de terras, mercadores e agiotas nativos como também o lucro das casas comerciais britânicas e a receita da administração colonial e do Estado imperial britânico.

Para a maioria dos lavradores camponeses, a "comercialização forçada" e a mercantilização da subsistência em termos mais gerais não geraram grandes aumentos da produção agrícola, muito menos da produtividade. A extorsão do "fundo de arrendamento" a que os camponeses mais pobres estavam submetidos, o seu endividamento e a resultante redução de recursos para a produção de alimentos para consumo próprio deu a sua contribuição para a imagem da Índia e da China como países especialmente vulneráveis à fome. Embora a fome estivesse associada a condições climáticas extremas, é de espantar que a Índia continuasse a exportar alimentos durante as grandes fomes do fim do século XIX e novamente em 1943 e 1944, em Bengala (Sen, 1981). A capacidade de muitos camponeses indianos de lidar com as consequências do clima desfavorável e da má colheita foi prejudicada pela mercantilização da subsistência, pelas exigências da tributação colonial e pela ideologia econômica do governo da colônia (Davis, 2001).

Observe-se também que a importação de mercadorias produzidas em fábricas vindas da Grã-Bretanha, como os tecidos de algodão, prejudicou a manufatura e o artesanato nativos, importantes para as economias rurais diversificadas. Amiya Bagchi (2009) afirma que o impacto do colonialismo no século XIX foi aumentar a "ruralização" e a "camponização" da Índia, além de aumentar a pobreza, e que a penetração imperialista na China teve efeito semelhante mesmo sem domínio colonial direto.

No entanto, o desenvolvimento da produção de mercadorias também estimulou a diferenciação de classes entre os lavradores, tanto na Índia quanto em outras regiões (na Índia, muitas vezes de acordo com as linhas existentes de desigualdade entre as castas). Banaji (2002, p.114) conclui:

> A rápida expansão comercial do século XIX estava ligada a um tipo de capitalismo enraizado no domínio crescente das castas médias e altas de cultivadores substanciais. Elas foram responsáveis pelo emprego generalizado de servos [trabalhadores] agrícolas permanentes, dominaram o mercado de crédito local [...] e passaram a controlar cada vez mais o mercado de terras onde este surgiu.

Ele também observa que o desenvolvimento desse "tipo de capitalismo" variou de acordo com as várias regiões rurais do Raj, assim como a força dos "cultivadores substanciais" em relação aos senhores de terras e agiotas e às suas pretensões ao excedente agrícola.

África Subsaariana

A colonização sistemática da África Subsaariana desde o fim do século XIX produziu três "macrorregiões", identificadas por Samir Amin (1976) como *économie de traite* (mais ou menos, "economia do tráfico", ou "do comércio"), reservas de mão de obra e companhias concessionárias. A primeira se caracterizava pela produção para exportação feita por lavradores camponeses e, em alguns casos, por produtores nativos maiores, geralmente organizada por casas de comércio internacional da metrópole. Como na Índia, a *économie de traite* não gerou expropriação generalizada de terras e camponeses. A mercantilização da economia rural aconteceu sem a instituição dos direitos de propriedade privada e do mercado de terras e, em muitos casos, realizou-se por meio da migração para novas áreas e da sua limpeza para o cultivo de cacau e óleo de babaçu (nos cinturões de florestas) e de algodão e amendoim (nas savanas) – os quatro produtos de exportação clássicos da África Ocidental.

A segunda "macrorregião" de reserva de mão de obra se estendia do oeste até o centro e o sul da África, onde houve alienação generalizada da terra para os colonos. A justificativa para expropriar os africanos e concentrá-los em "reservas nativas" era dupla: fornecer terras para a colonização e a lavoura dos brancos e assegurar o suprimento regular de mão de obra para essas grandes lavouras e plantações, assim como para os complexos mineiros das Rodésias do Norte e do Sul (hoje Zâmbia e Zimbábue) e da África do Sul, que absorvia um número imenso de mineiros migrantes do sul de Moçambique, da Niasalândia (hoje Malauí) e da Basutolândia (hoje Lesoto). A alienação das terras restringiu os lavradores africanos a "reservas nativas" cada vez mais superpovoadas e agricolamente marginais, submetidos a pressões econômicas e políticas para garantir a subsistência por meio da migração periódica para trabalhar.

A "África das concessionárias" é exemplificada pela região da bacia do Rio Congo, simbólica até hoje de uma história violentíssima de saque e extração de recursos. As concessionárias recebiam territórios imensos para explorar, com consequências graves para os habitantes e os recursos naturais. No entanto, em geral não conseguiram criar condições para a agricultura capitalista mais sistemática e sustentada, fosse de colonos, fosse de grandes propriedades, que veio a predominar no leste (Quênia) e no sul (Rodésia do Sul/Zimbábue e África do Sul).

Na maior parte da África Subsaariana, com exceção dos territórios de colonização europeia mais extensa, os lavradores, inclusive os pastores, não foram expropriados, mas "estimulados" a entrar na economia monetária como produtores de mercadorias agrícolas e/ou de força de trabalho. Não se criaram condições para a proletarização completa da grande maioria dos produtores, como enfatizaram Samir Amin e muitos outros. A princípio, os meios de "estímulo" – tributação e obrigação de cultivar determinados produtos, prestar serviço como mão de obra ou assinar contratos de mão de obra migrante – envolveram, em geral, a "comercialização forçada", como na Índia, embora a tributação colonial na África não se baseasse na terra e sim nos indivíduos, na forma de capitação (imposto pago por cabeça ou por pessoa) e tributos sobre cabanas, às vezes também sobre o gado. No entanto, é importante ressaltar a iniciativa de alguns lavradores africanos que foram pioneiros na produção de mercadorias agrícolas para exportação por meio da mobilização de terras e mão de obra usando os meios costumeiros, sem a ação dos Estados coloniais ou apesar dela. Um exemplo famoso é a produção de cacau em Gana a partir do início do século XX, apresentado no estudo inspirador de Polly Hill (1963). A implantação e a expansão da lavoura de cacau envolveu a migração para áreas de floresta, a princípio escassamente povoadas, e o recrutamento de mão de obra por meio de formas específicas de arrendamento.

Portanto, setores substanciais do campesinato africano prosperaram em épocas específicas. Isso aconteceu principalmente quando conseguiram mobilizar terra e trabalho para integrar a produção de mercadorias à lavoura de subsistência e se aproveitar das condições de alta do mercado internacional para seus produtos de exportação, principalmente na década de 1920 e nas de 1950 e 1960, que abarcaram o fim do período colonial e os primeiros dias da independência. Em geral, essas histórias de sucesso envolveram a diferenciação social no campo; alguns lavradores se beneficiaram mais do que outros. Ao mesmo tempo, o vigor da produção camponesa de mercadorias no passado em diversas regiões da África contrasta dolorosamente com as condições muito mais negativas da lavoura na maior parte da África rural de hoje.

Padrões de mudança agrária

O ápice do colonialismo na Ásia e na África foi atingido durante a consolidação da economia mundial capitalista, entre o fim do século XIX e meados do século XX. Nesse período, as grandes plantações do período anterior do colonialismo nas Antilhas, na América Latina e na Ásia foram substituídas por um novo tipo de "plantação industrial". As fronteiras da produção das grandes plantações também se expandiram, principalmente no sudeste da Ásia e também na América Central e na zona tropical da América do Sul, com a derrubada de grandes áreas de floresta tropical e a invasão das terras cultivadas por lavradores camponeses – como na Indonésia, principal colônia remanescente dos Países Baixos. As grandes plantações precisavam de um número imenso de trabalhadores recrutados entre os camponeses mais pobres e trabalhadores rurais sem terra movidos pela necessidade econômica, muitas vezes reforçada ou dirigida pela coação. Em resumo, a produção para a indústria aumentou muito a escala da monocultura altamente especializada, fornecendo ao mercado mundial produtos industriais como borracha, óleo de babaçu, algodão e sisal, além de bebidas e alimentos – chá, café, açúcar, cacau e banana – que se tornaram itens de consumo de massa para a população urbana crescente dos países industrializados.

Outro padrão de mudança generalizada foi o aumento da incorporação do campesinato colonial da Ásia e da África como produtores de culturas de exportação (algodão, óleo de babaçu, borracha, amendoim, fumo, café e cacau), de alimentos básicos para o mercado nacional e para exportação e de força de trabalho, por meio da migração de mão de obra para construir estradas e ferrovias e trabalhar em grandes plantações, minas e portos. Os processos de incorporação geraram tipos diferentes de formação de classes entre as populações de lavradores das colônias (por vezes baseados em diferenças sociais preexistentes, como as castas da Índia), agora sujeitos à mercantilização da subsistência e, para alguns, com possibilidade de acumulação.

Os padrões de mudança agrária no fim do período colonial e depois da independência política têm de ser relacionados com outras dinâmicas e evoluções da economia global; voltarei a isso nos capítulos IV e V. Para concluir aqui, vou rever três questões dos debates sobre capitalismo e colonialismo. Elas estão ligadas às perguntas do fim do capítulo 2 e também levam adiante o papel da mudança agrária no desenvolvimento econômico do Sul após a independência do domínio colonial na Ásia e na África.[3]

---

[3] Para complicar ainda mais, posições diferentes sobre essas questões afirmam apoiar-se, com mais ou menos plausibilidade, nos textos de Marx; além disso, com o passar do tempo, Marx mudou algumas de suas ideias.

Regimes de trabalho no colonialismo

Uso a expressão "regime de trabalho" para me referir amplamente a métodos diferentes de recrutar mão de obra e a sua ligação com o modo de organizar essa mão de obra na produção (processos de trabalho) e de como assegurar a sua subsistência. Quatro tipos de regime de trabalho foram indicados neste capítulo: trabalho forçado, semiproletarização, pequena produção de mercadorias e proletarização. Vimos exemplos de regimes de trabalho forçado no caso das Antilhas e da América Latina e também, pelo menos no primeiro momento do colonialismo posterior, na Ásia e na África. Em geral, eles assumiam a forma de pagamento de tributo em trabalho, na construção de estradas e ferrovias (as artérias do comércio colonial), no transporte como carregadores e em minas e grandes plantações. Outro tipo de regime de trabalho forçado foi o sistema de servidão sob contrato que, depois do final da escravidão no Império britânico, levou milhões de trabalhadores indianos e chineses contratados como assalariados por período fixo geralmente para as grandes plantações – cana de açúcar nas Antilhas, na África do Sul, nas Ilhas Maurício e em Fiji e borracha na Malásia.

O Quadro 3.2 resume as características principais dos regimes de trabalho no colonialismo e ajuda a destacar certas ideias analíticas. No entanto, ela se refere a apenas três "determinações" – a separação entre os produtores e os meios de produção, a coação extraeconômica e o trabalho assalariado "livre" – das muitas que sempre configuram todo processo histórico concreto (Marx, 1973, p.101). Por exemplo, o uso de "em transição" em várias células da quarta coluna indica que alguns tipos de regime de trabalho assalariado não exigem a expropriação completa ou a "liberdade" dos seus trabalhadores. Isso não significa que os trabalhadores "semiproletarizados" ocupem necessariamente o local "em transição" apenas de forma temporária ou transitória. Na verdade, alguns afirmam que, em muitas regiões do Sul, a semiproletarização é um resultado mais comum da mercantilização da subsistência do que a proletarização "completa" – outro argumento que, do mesmo modo, precisa da especificação "concreta" de onde, quando e por que é assim (ver adiante o capítulo VII).

Quadro 3.2 – Regimes de trabalho no colonialismo

Regimes de trabalho	Separação entre produtores e meios de produção	Coação extraeconômica	Trabalho assalariado "livre"	Exemplos
1. *Trabalho forçado*				
Escravidão	Completa	Sim	Não	Antilhas, Brasil, sul dos EUA (séc. XVI--XIX)
Tributos, impostos em gêneros	Não	Sim	Não	América espanhola (séc. XVI-XVII); África (séc. XIX--início do séc. XX)
Serviço prestado em trabalho	Parcial	Sim	Não	América espanhola, a partir do séc. XVI; África, Ásia (séc. XIX-início do séc. XX)
Servidão sob contrato	Completa	Parcial	"Em transição"	Antilhas, leste da África, Malásia, Ilhas Maurício, Fiji (séc. XIX-XX)
2. *Mão de obra semiproletária*				
Trabalho assalariado + servidão por dívida	Parcial ou completa	Não	"Em transição"	América espanhola, a partir do séc. XVII; Ásia (séc. XIX-XX)
Trabalho assalariado + lavoura própria ("marginal") ou outro "trabalho autônomo"	Parcial	Não	"Em transição"	Índia e África (séc. XIX e de modo mais generalizado no séc. XX)
3. *Trabalho "familiar" (pequena produção "camponesa" de mercadorias)*	Não	Não	Não	Índia e África (séc. XIX e de modo mais generalizado no séc. XX)
4. *Proletarização*	Completa	Não	Sim	Alguns setores da economia colonial, a partir da América Latina no séc. XVIII, Ásia no séc. XIX, África no séc. XX

Uma segunda ressalva pertinente ao Quadro 3.2 foi feita no capítulo II: as categorias de trabalho rural, inclusive a distinção entre mão de obra "livre" e "não livre", costumam ser fluidas e ambíguas na realidade social. Isso também se exprime na noção de formas "híbridas" de capitalismo agrário, com regimes de trabalho "híbridos" (Banaji, 2010).

Finalmente, o quadro não identifica os empreendimentos de trabalho "familiar" na lavoura como atados pela coação extraeconômica, ainda que, a princípio, um período de "comercialização forçada" fosse necessário para integrá-los às relações mercantis. Aqui, suponho que, no fim do período colonial, os lavradores familiares estavam "presos" à produção de mercadorias pela "compulsão surda das forças econômicas" – a mercantilização da subsistência –, assim como proletários e semiproletários são obrigados a vender a sua força de trabalho. Também voltarei a isso mais adiante.

Ao recordar as duas abordagens delineadas no capítulo II, os que defendem a longa história do capitalismo comercial consideram capitalistas as formas de produção agrária estabelecidas pelo colonialismo europeu na América Latina, na Ásia e na África, por mais híbridos e total ou parcialmente "não livres" que sejam os regimes de trabalho. Por sua vez, os que defendem uma via estrita (de tipo inglês) de transição agrária chamam as formas de produção agrária de "pré-capitalistas" ou "não capitalistas" quando o regime de trabalho não se baseia no emprego pelo capital de mão de obra assalariada devidamente "livre". Ao mesmo tempo, essas formas de produção podem ser consideradas contribuições para a acumulação primitiva, o que nos leva à segunda questão.

O colonialismo foi necessário para o surgimento do capitalismo?

Para alguns estudiosos, o capitalismo começou como sistema mundial criado pelo colonialismo; daí o datarem do momento fatídico da chegada de Colombo ao Novo Mundo, em 1492. Esse foi o arcabouço histórico da famosa tese de Andre Gunder Frank sobre o "desenvolvimento do subdesenvolvimento" no Terceiro Mundo (Frank, 1967) e, numa versão um tanto diferente, configura o "moderno sistema mundial" de Immanuel Wallerstein (1979), por sua vez modificado e desenvolvido, entre outros, por Arrighi e Moore (capítulo II).

Esse ponto de vista reivindica o apoio de Marx (1976, p.915), que escreveu:

> A descoberta de ouro e prata na América, a extirpação, escravização e sepultamento nas minas da população aborígine, o início da conquista e do saque da Índia e a conversão da África em reserva para a caçada comercial dos peles-negras, tudo isso caracteriza a aurora da era da produção capitalista.

Na década de 1920, Marx foi endossado pelo economista bolchevique E. Preobrajensky quando este considerou que se poderia obter a "acumulação primitiva socialista" na União Soviética com a ausência das fontes externas de acumulação primitiva que facilitaram o surgimento do capitalismo: "a política colonial dos países do comércio mundial [...] de saquear sob a forma de tributos cobrados dos nativos, tomada da sua propriedade, gado e terras, dos estoques de metal precioso, da conversão dos povos conquistados em escravos, o sistema infinitamente variado de logro puro e simples etc." (Preobrajensky, 1965, p.85).

Observemos que a maior parte dos *métodos* de saque nesses trechos de Marx e Preobrajensky também se encontram nos registros históricos de expansão e conquista de Estados e impérios agrários pré-capitalistas. Para alguns estudiosos, isso significa que, embora possa ter facilitado a transição para o capitalismo na Europa, o colonialismo direto e indireto não poderia constituir *condição suficiente* para ele. Isso exigiria a formação de uma nova modalidade de relação social e uma nova estrutura de produção, iniciadas na transição agrária da Inglaterra (e de outras regiões do norte da Europa), que levaram então ao capitalismo industrial.

Pode-se usar esse argumento para ajudar a identificar e comparar fases e formas diferentes do colonialismo europeu, daquele da Espanha e de Portugal no século XVI – seja considerado "feudal" ou "comercial" – até o colonialismo capitalista dos britânicos e franceses de meados do século XIX a meados do século XX. Por exemplo, a riqueza e o poder da Espanha no século XVI, baseados, em grande medida, na prata colonial, deram lugar mais tarde ao seu relativo atraso econômico quando a Grã-Bretanha e outras regiões da Europa fizeram a transição para o capitalismo agrário e depois industrial; em resumo, riqueza não é o mesmo que capital investido no desenvolvimento da produção e da produtividade.[4] Também não é significativo que a Espanha, agora atrasada, tenha perdido as suas possessões americanas na primeira metade do século XIX, quando o capitalismo industrial se desenvolvia com rapidez em outras regiões da Europa e um novo tipo de colonialismo começava no período mais importante de domínio europeu na Ásia e depois na África?

Continua aceso o debate sobre a importância da contribuição da acumulação primitiva das colônias ao crescimento econômico da Europa, especificamente a partir do fim do século XVIII e mais ainda quando o capitalismo industrial entrou na fase "expansiva", a partir de meados do século XIX. Embora boa parte do debate seja sobre as causas do colonialismo e os seus efeitos sobre o desenvolvimento capitalista da Europa, essas questões são distintas do impacto sobre os

---

4 Uma questão parecida é por que as grandes civilizações agrárias pré-capitalistas não desenvolveram o capitalismo industrial apesar da sua riqueza e poder e, na verdade, apesar de algumas serem tecnologicamente mais avançadas do que a Europa no começo do período moderno da história mundial – questão muito levantada a respeito da China – e terem seus próprios elementos significativos de "capitalismo comercial" (Pomeranz, 2000; Goody, 2004). Durante o período esboçado neste capítulo, todos os impérios políticos dessas civilizações foram derrubados ou desmoronaram: dos astecas e incas da América Latina no século XVI, passando pelos mogóis da Índia no século XVIII e pela dinastia Qing da China no século XIX, até o falecimento, em consequência da Primeira Guerra Mundial, dos antigos impérios remanescentes da Eurásia: o dos Habsburgos (Áustria-Hungria), o dos Romanov (Rússia) e o dos otomanos (Turquia e suas possessões).

territórios coloniais, inclusive sobre a reconfiguração às vezes imensa e com frequência violenta da mão de obra, da terra e da lavoura. Talvez, a possibilidade de que a sublevação e até a devastação social e ecológica resultantes da conquista e da exploração coloniais *não* tenham contribuído de forma significativa para a acumulação na Europa dê ainda mais destaque às desigualdades enormes inscritas no desenvolvimento global do capitalismo.

Desenvolvimento econômico das colônias?

Marx (1976, p.91) afirmou que os países em transição para o capitalismo podem "sofrer não só com o desenvolvimento da produção capitalista como também com a incompletude desse desenvolvimento". A explicação de por que o desenvolvimento capitalista estava "incompleto" nas colônias na época da independência costuma ser associada à ideia de que a incorporação colonial da América Latina, da Ásia e da África na economia mundial capitalista emergente "subdesenvolveu" as suas sociedades. Em termos de regime de trabalho, alguns defendem que o colonialismo não conseguiu transformar as relações sociais de produção, principalmente na lavoura, de maneira suficientemente capitalista. Uma formulação polêmica desse argumento é que as colônias ficaram subdesenvolvidas não porque fossem exploradas, mas porque não foram "suficientemente exploradas" (Kay, 1975), isto é, não foram completamente transformadas em termos de relações capitalistas de produção e do impulso constante de aumentar a produtividade do trabalho e, portanto, o nível de exploração (explicado no capítulo II). Aqui, incompletude se refere à persistência de relações pré ou não capitalistas nas economias coloniais, como efeito, propositional ou não, da política colonial e da prática do capital colonial.

Outro argumento, ligado à questão da acumulação primitiva, é a tese da "drenagem de excedentes": as potências europeias organizaram a produção e o comércio coloniais de modo a extrair o seu "excedente" (ou lucro) em benefício próprio e das suas classes de capital – um tipo de acumulação primitiva constante que facilitou o desenvolvimento do capitalismo industrial na Europa. A economia colonial era fonte importante de matéria-prima agrícola e mineral, produzida pela "mão de obra barata" de camponeses e trabalhadores semiproletarizados. A industrialização foi inibida (assim como formas mais "avançadas" de produção agrária em áreas camponesas densamente povoadas) porque as potências coloniais queriam impedir a concorrência com as suas próprias indústrias e manter as colônias como mercados "cativos" para a exportação de mercadorias manufaturadas. Segundo esse ponto de vista, a incompletude do desenvolvimento capitalista se registra na acumulação limitada, e vem daí a formação de classes nativas de capital dentro dos territórios coloniais.

As próprias potências coloniais – principalmente durante a última fase do colonialismo, no período de capitalismo industrial – afirmavam que a sua missão era levar a civilização aos povos da Ásia e da África, ainda que de maneira adequadamente controlada e gradual, para evitar a desordem social e política. Isso incluía o desenvolvimento econômico, entendido como extensão das relações mercantis, isto é, participação no mercado e economia monetária. A opinião de que o colonialismo era "objetivamente necessário" para lançar as sementes do capitalismo nas sociedades pré-capitalistas do Sul também tem a pretensão de se basear em Marx, da seguinte maneira: o capitalismo representa o progresso, ainda que doloroso, por ser um sistema econômico mais produtivo do que os tipos anteriores de sociedade de classes; explora a mão de obra com mais "eficiência", como base de um desenvolvimento das forças produtivas contínuo e sem precedente histórico. Do mesmo modo, com a independência do domínio colonial, a verdadeira meta das estratégias de crescimento econômico que exigiam intervenção ativa do Estado era ampliar e aprofundar os processos de desenvolvimento capitalista que o colonialismo iniciara. Portanto, não perseguir essa meta com clareza e determinação adequadas explica a relativa falta de progresso econômico (Warren, 1981; Sender; Smith, 1986).

As questões destacadas na última parte deste capítulo continuam a reverberar em debates de hoje sobre o desenvolvimento econômico e social do Sul. Por exemplo, os lavradores em pequena escala do Sul representam relações pré ou não capitalistas e formas de produção que retardam o desenvolvimento econômico? Representam um tipo de lavoura e um modo de vida anticapitalistas que oferecem uma alternativa ao domínio da agricultura capitalista (a "via camponesa" citada na Introdução)? Se descartarmos as noções de elementos pré-capitalistas "persistentes" e significativos na economia do Sul, isso simplesmente transfere o debate para ideias de formas de capitalismo mais ou menos "avançadas", que podem ser igualmente controvertidas (a terceira pergunta do fim do capítulo II)? E como as respostas a todas essas e outras perguntas são afetadas pelo desenvolvimento desigual do capitalismo em escala global (a quarta pergunta do fim do capítulo II)? Os capítulos seguintes se aprofundam mais nas questões levantadas por essas perguntas acerca da dinâmica de classes da mudança agrária desde o fim do colonialismo.

IV
Lavoura e agricultura, local e global

Os capítulos II e III ressaltaram temas gerais – mudanças do uso da terra e da mão de obra e dinâmica de classes – na formação do mundo moderno, da origem e da fase inicial do desenvolvimento do capitalismo ao fim do período colonial. Ao fazê-lo, indicaram várias expansões da escala; por exemplo, no tamanho dos empreendimentos agrícolas de diversos lugares em épocas diferentes, no alcance geográfico do comércio de mercadorias agrícolas e no volume e valor do comércio.

Este capítulo adota um ponto de vista diferente mas complementar. Leva em consideração questões de aumento de escala com referência especial a dois processos interligados. Um é como a lavoura, antigamente a mais localizada das atividades, passa a fazer parte da "agricultura" ou do "setor agrícola". O outro é como a expansão geográfica do mercado agrícola e das suas fontes de oferta e demanda no capitalismo se baseia no aumento da escala social por meio da ampliação e do "aprofundamento" das relações mercantis e suas divisões sociais do trabalho.

Em geral, os termos "lavoura" e "agricultura" são usados de forma intercambiável, coisa que evitei, a não ser ao descrever como "agrícola" o que é produzido em fazendas – cultivo e pecuária. Prefiro empregar a palavra "agrário" para descrever as relações sociais e as práticas de lavoura, as sociedades baseadas na lavoura e os processos de mudança na lavoura. Quando examinamos a mudança agrária, principalmente a partir da década de 1870, é útil distinguir lavoura de agricultura. A importância desse período foi mostrada no capítulo III e aqui é ainda mais detalhada, até a década de 1970, para ilustrar os seguintes aspectos fundamentais da passagem da lavoura para a agricultura:

- a base industrial da mudança técnica;
- a formação de mercados globais e divisões de trabalho na agricultura, principalmente de alimentos básicos; e
- a formação do "setor agrícola" como objeto da elaboração de políticas.

Como nos capítulo II e III, aqui dou apenas os contornos históricos gerais e exemplos seletivos que contextualizam ideias e questões específicas. O capítulo V atualiza a questão.

Da lavoura à agricultura

No seu excelente livro sobre a formação da economia global, Herman Schwartz (2000, p.13) observa:

> [Antes do capitalismo industrial,] dificilmente alguém transportaria grãos por mais de 30 quilômetros por terra [...] [e, portanto,] provavelmente toda a vida social, econômica e política ocorria em microeconomias centradas em cidades-mercados cercadas por uma região agrícola de uns 30 quilômetros [...] A partir do século XV até o final do século XIX, a agricultura esteve no centro da economia global (e, naturalmente, também das economias mais "locais") [...] Ainda em 1929, os alimentos e as matérias-primas de origem agrícola representavam mais da metade do comércio internacional.

Embora pareçam estar em tensão, essas duas observações são úteis para pensar sobre a mudança da lavoura para a agricultura que sugiro aqui. Da primeira observação, conclui-se que lavoura é o que os lavradores fazem e fizeram durante milênios: cultivar o solo e criar animais, ou alguma combinação dos dois, em geral num sistema de campos determinados e pastos demarcados. Os lavradores sempre tiveram de administrar as condições naturais da sua atividade, com todos os riscos e incertezas como os caprichos climáticos (chuvas e temperatura) e a tendência bioquímica de degradação do solo, a menos que se tomem providências para manter ou restaurar a fertilidade da terra. Portanto, a lavoura bem-sucedida exige alto nível de conhecimento das condições ecológicas e a disposição de imaginar e adotar métodos melhores de cultivo dentro de limites aceitáveis de incerteza e risco. Até (ou principalmente) os lavradores que usam as chamadas tecnologias simples – ferramentas manuais como varas, enxadas, facões e machados – demonstram capacidade considerável de experimentação em pequena escala e acumulação de conhecimentos, como demonstrou o estudo detalhado do antropólogo Paul Richards (1986) sobre os lavradores de arroz de Serra Leoa.

Ao recordar os elementos descritos no capítulo I, as condições *sociais* mínimas da lavoura são: o acesso a terra, mão de obra, ferramentas e sementes. Em termos históricos, a principal unidade social pela qual se asseguraram os meios e se realizou a lavoura foi a família rural. Mais uma vez (assim como no caso das palavras "propriedade" e "renda" já citadas), essa observação exige uma advertência: as famílias de lavradores, em sociedades e épocas diferentes, variam muitíssimo de tamanho, composição e relações sociais inter e intrafamiliar (notadamente as relações entre gêneros) e nas comunidades rurais.

Antes do capitalismo industrial, a lavoura era limitada em escala social e espacial. Embutia-se numa divisão social de trabalho relativamente simples, e, em geral, os grupos ou classes de não lavradores tinham pouco impacto sobre o modo como os lavradores lavravam. É claro que há ressalvas nesse quadro simples. Às vezes, instituições externas ofereciam condições de produção importantes que as famílias ou aldeias de lavradores, individualmente, não poderiam obter para si. O exemplo mais conhecido é a construção e manutenção pelo Estado de grandes obras de irrigação na Ásia Oriental (Bray, 1986), assim como na Ásia Ocidental (Mesopotâmia), no norte da África (Egito) e na América Central pré-colonial (México). Outra ressalva importante diz respeito aos proprietários de terras empreendedores na vanguarda do capitalismo comercial (capítulo II) que administravam ativamente os processos de trabalho das suas propriedades. Uma terceira vem da história fascinante da difusão de alimentos básicos e outras plantas e animais de criação do lugar de origem para outras regiões onde foram adotados, às vezes com consequências sociais e ecológicas profundas (Grigg, 1974, cap.3; sobre o "imperialismo ecológico" do colonialismo de povoação nas Américas e em outras regiões ver Crosby, 1986). Um quarto exemplo é onde o transporte *aquático* torna relativamente fácil transportar e comercializar produtos agrícolas a granel. Em geral, as civilizações agrárias, principalmente em regiões áridas, originaram-se na bacia de grandes rios, fonte de irrigação que também facilitava o transporte de grãos em balsas e barcos para alimentar cortes, exércitos e a população não lavradora das cidades (tipicamente fundadas à margem dos rios). O transporte marítimo, por exemplo, foi fundamental para o comércio agrícola do Mediterrâneo desde a Antiguidade.

No entanto, na maior parte da história, até uma época relativamente recente, a lavoura foi atividade e modo de vida *extremamente localizados*.[1] O localismo da lavoura inclui o seguinte:

- manter a fertilidade do solo por meio de adubo "verde" e esterco animal obtido na fazenda ou perto dela e também por sistemas de pousio e rotação de culturas – os chamados "sistemas agroecológicos de ciclo fechado";

---

[1] Não se deve confundir local com "estático". A longa história da lavoura envolveu movimentos para transpor e colonizar novas áreas para cultivo; na verdade, para criar novas localidades.

- o mutirão de trabalho entre famílias vizinhas em momentos importantes do calendário da lavoura – por exemplo, para assegurar o plantio e a colheita no momento oportuno, ainda mais quando as condições climáticas são incertas –; e
- o fornecimento por artesãos locais de bens e serviços que os lavradores talvez não produzam, como as ferramentas que usam.

A combinação de lavoura e produção artesanal familiar, como fiação e tecelagem, para dar um exemplo comum, era generalizada e foi destruída com o passar do tempo pelo desenvolvimento do capitalismo e pelo seu impulso rumo à especialização da divisão social do trabalho. Marx observou isso na Inglaterra, e Bagchi o demonstrou no caso da Índia (capítulo III), onde o impacto do colonialismo foi *aumentar* a "ruralização" e a "camponização", isto é, uma existência economicamente mais restrita no campo.

Nas sociedades agrárias anteriores ao surgimento do capitalismo, tanto no centro europeu quanto em condições coloniais, lavoura era o que a maioria fazia. Na época, o que chamamos de "agricultura" era simplesmente um agregado, a soma total de lavradores e das suas atividades. Até certo ponto, os lavradores ligavam-se aos não lavradores por meio da cobrança de arrendamentos e tributos e pela troca geralmente localizada, mas não eram afetados pela divisão mais ampla do trabalho, pelos processos de mudança tecnológica e pela dinâmica de mercado que passaram a caracterizar o "setor agrícola" no capitalismo industrial.

A noção de "setor agrícola" foi inventada e aplicada no surgimento e no desenvolvimento das economias "modernas", isto é, capitalistas. Marx observou que a divisão social do trabalho entre agricultura e indústria e entre campo e cidade surgiu como característica típica do desenvolvimento do capitalismo. Só fez sentido distinguir um setor agrícola quando o setor industrial passou a predominar no Norte e, mais tarde, quando a industrialização se tornou o principal objetivo econômico do "desenvolvimento nacional" dos países do Sul, após a independência do domínio colonial.

Com "agricultura" ou "setor agrícola" nas economias capitalistas modernas, quero dizer a lavoura *junto com* todos aqueles interesses econômicos e as suas atividades e instituições especializadas, "a montante" e "a jusante" da lavoura, que afetam as atividades e a reprodução dos lavradores. "A montante" se refere às condições de produção necessárias para realizar a lavoura e o modo como se asseguram essas condições. Isso inclui o suprimento de instrumentos de trabalho ou "insumos" (ferramentas, adubos, sementes), além do mercado de terra, trabalho e crédito – e fundamentalmente, é claro, a mobilização da mão de obra. "A jusante" se refere ao que acontece com as safras e ao gado quando saem da fazenda – a comercialização, o processamento e a distribuição – e como essas atividades afetam a renda dos lavradores, necessária para que eles se reproduzam. Na agricultura capitalista de hoje, os agentes poderosos a montante e a jusante da lavoura são exemplificados, respectivamente, pelo capital de agroinsumos e o de agroalimentos, nos termos usados por Weis (2007).

No capitalismo, a agricultura passa a ser cada vez mais definida como setor distinto em termos do seu lugar na divisão social do trabalho e como objeto de políticas públicas. Ambos se vinculam entre si e àquela dinâmica central já enfatizada: a mercantilização da subsistência, por meio da qual lavradores antes autossuficientes passam a depender cada vez mais do mercado (troca de mercadorias) para a sua reprodução. Com efeito, passam a depender da renda monetária para pagar impostos e/ou arrendamento em dinheiro (em vez de pagá-los em gêneros ou com trabalho), para comprar bens de consumo que não conseguem mais obter com seu próprio trabalho nem obter da economia local e para comprar meios de produção – adubos, sementes, ferramentas e outros equipamentos da lavoura.[2]

O período que vai da década de 1870 até hoje é de uma mudança revolucionária nas condições técnicas da lavoura, ao contrário da

---

2 Observe-se, entretanto, que alguns teóricos defendem que a formação da agricultura capitalista não significa que a lavoura por ela incorporada seja necessariamente capitalista. Volto a isso nos capítulos VI e VII.

mudança evolucionária que caracterizou a longa história anterior, com inovações cautelosas e graduais na seleção de plantas e animais melhorados e no aprimoramento dos métodos de cultivo e manejo da terra. Nem as primeiras transições para a lavoura capitalista na Inglaterra a partir do século XVI geraram uma revolução técnica comparável ao que aconteceu depois.[3]

A linha divisória histórica da década de 1870 marca o impacto da segunda Revolução Industrial mencionada no capítulo III. Enquanto a base material da primeira Revolução Industrial foi o ferro, o carvão e a energia a vapor, a da segunda foi o aço, os produtos químicos, a eletricidade e o petróleo. Com o tempo, e acelerando-se a partir da década de 1940, a segunda Revolução Industrial e suas inovações transformaram os três seguintes aspectos da produtividade na lavoura (apresentados no capítulo I):

- o impacto dos adubos químicos e outros produtos químicos agrícolas sobre a produtividade da terra (rendimento);
- do mesmo modo, o impacto da seleção científica de plantas e animais (facilitada pelo novo conhecimento da genética e da sua aplicação) sobre o rendimento; e
- o motor de combustão interna e o seu uso em tratores e outras máquinas para a lavoura transformaram a produtividade do trabalho.

A "Metrópole da natureza" e o primeiro Regime Alimentar Internacional (da década de 1870 a 1914)

Conforme a observação de Schwartz (citada anteriormente), durante a maior parte dos cinco séculos de economia global aos

---

3 Alguns historiadores argumentam que o ganho significativo das safras com a "alta lavoura" capitalista da Inglaterra entre os séculos XVI e XVIII baseou-se em métodos com uso intensivo de mão de obra, sem nenhum aumento marcante da produtividade do trabalho.

quais ele se refere, o transporte de mercadorias agrícolas a granel se baseou principalmente na água: rios, lagos, mares e oceanos. A primeira mercadoria agrícola transportada regularmente a granel por distâncias oceânicas foi o açúcar das plantações escravistas do Brasil e das Antilhas. No transporte terrestre, a revolução que ampliou muitíssimo a escala do comércio internacional de mercadorias agrícolas foi a invenção e a disseminação da ferrovia, equivalente ao transporte oceânico na capacidade de cruzar grandes distâncias. O trem fez com que as pradarias da Argentina, da Austrália, do Canadá e, acima de tudo, dos Estados Unidos pudessem se tornar os maiores exportadores mundiais de grãos e carne. Essa foi a base do Primeiro Regime Alimentar Internacional (RAI), de 1870 a 1914: o "primeiro mercado [internacional] de um meio de vida essencial governado pelo preço" (Friedmann, 2004, p.125). Era um regime de "colônia de povoamento", segundo expressão de Friedmann, que "abriu" vastas fronteiras de terras, quase todas virgens, escassamente povoadas e pouco cultivadas anteriormente, para a lavoura extensiva de trigo e criação de gado para exportação para a Europa, que se urbanizava rapidamente e dependia cada vez mais da importação de alimentos básicos.

Portanto, o local mais importante, em termos da história subsequente da agricultura capitalista, não foi o noroeste da Europa, onde ocorreram as primeiras transições para a lavoura capitalista. Na verdade, o seu exemplo são as vastas pradarias do meio-oeste dos Estados Unidos, que geraram o crescimento de Chicago – a *Metrópole da natureza,* como a descreveu William Cronon (1991). Na segunda metade do século XIX, Chicago e seus arredores dedicados à lavoura, cada vez mais ampliados pelo desenvolvimento das ferrovias, foram pioneiros da interligação íntima entre os seguintes aspectos da agricultura:

- monocultura extensiva de grãos (para alimentar pessoas e animais de criação);
- abate do gado e processamento da carne por meios industriais e em escala verdadeiramente industrial;

- manufatura industrial de equipamentos para a lavoura (principalmente o arado de aço e, mais tarde, os tratores);
- infraestrutura de manejo e transporte de grãos e carne (que exigia refrigeração) em volume sem precedentes a grandes distâncias; e
- mercados futuros e outras inovações institucionais para financiar a produção e o comércio de mercadorias agrícolas.

De fato, Chicago foi pioneira em muitos aspectos do agronegócio moderno, que passou a incorporar e configurar a lavoura. Também exemplificou o "complexo temperado de grãos e gado", fundamental no comércio agrícola internacional e na divisão do trabalho a partir da década de 1870.

Os lavradores europeus, incapazes de competir com os grãos importados mais baratos, reagiram dedicando-se mais intensivamente a produtos de valor mais alto, como laticínios, frutas e hortaliças, ou abandonando a lavoura e saindo do campo. Fora dessas duas zonas principais de lavoura temperada e como seu complemento estavam a produção agrícola tropical e a exportação da Ásia e da África, cuja incorporação colonial se completou no mesmo período. A "plantação industrial" desse período (capítulo III) constitui uma contrapartida tropical e colonial da passagem da lavoura para a agricultura exemplificada pelo meio-oeste norte-americano. O que distinguiu a grande plantação industrial das formas anteriores de grande plantação foi a ligação entre a organização e os métodos de produção, a estrutura de propriedade e o vínculo íntimo com o capital financeiro, o transporte marítimo, o processamento e a manufatura industriais – aspectos de uma "mudança mundial para o agronegócio" no fim do século XIX, observada por Ann Stoler (1985, p.17) no seu estudo das grandes plantações de Sumatra. Assim como as pradarias do complexo temperado de grãos e gado, muitas zonas de produção das plantações industriais também eram fronteiras agrícolas novas, nesse caso criadas pela derrubada de vastas áreas de floresta tropical.

Em resumo, a partir da década de 1870 surgiu uma divisão global do trabalho na produção e no comércio agrícola, que envolvia o seguinte:

- novas zonas de produção de grãos e carne nas "neo-Europas" (Crosby, 1986), criadas pelo colonialismo de povoamento nas áreas temperadas das Américas, no sul da África, na Austrália e na Nova Zelândia;
- padrões mais diversificados de lavoura em partes da própria Europa, ao mesmo tempo que se acelerava o êxodo rural; e
- especialização em produtos tropicais de exportação na Ásia e na África coloniais e nas zonas tropicais das ex-colônias das Américas Central e do Sul, cultivados em lavouras camponesas e capitalistas ou em grandes plantações industriais.

Um elemento central dessa divisão global do trabalho e da sua dinâmica econômica foi a mudança da lavoura para a agricultura, que interligou mudanças revolucionárias das condições técnicas e da organização da produção (principalmente nas "neo-Europas" e na Europa propriamente dita e nas grandes plantações industriais dos trópicos) com a escala ampliadíssima do comércio internacional de alimentos básicos do complexo temperado de grãos e gado, de "mantimentos tropicais" – alimentos e bebidas como açúcar, cacau, banana, chá, café – e de culturas industriais como borracha, babaçu, algodão, sisal e juta.

Com relação à agricultura como objeto de políticas, no lado da oferta do primeiro RAI:

> A agricultura colonial barateou a produção de mercadorias agrícolas por meio da apropriação política e da colonização de novas terras [...] A produção especializada de mercadorias [...] [foi] promovida ativamente pelos Estados coloniais por meio de políticas fundiárias e de imigração e pela criação de infraestrutura social, principalmente ferrovias e facilidades de crédito. (Friedmann; McMichael, 1989, p.101)

No lado da demanda, a via para uma ordem de comércio relativamente livre foi preparada pela rejeição, em 1846, das Corn Laws (Leis do Trigo) na Grã-Bretanha, que tinham protegido os lavradores e proprietários de terras britânicos (e seus arrendamentos comerciais) dos grãos importados a preço mais baixo.[4] Embora ocorresse antes do histórico divisor de águas da década de 1870, a rejeição se liga a ele de várias maneiras. Na década de 1840, a Grã-Bretanha representava a primeira classe de capital industrial, confiante em sua força competitiva internacional e com capacidade de enfrentar os "interesses agrícolas" nacionais em nome do "livre-comércio", inclusive importando alimento mais barato para manter baixos os salários, ou seja, o custo do trabalho. A rejeição das Leis do Trigo e a imposição subsequente de medidas semelhantes a outros países europeus pela Grã-Bretanha abriram caminho para a ordem de comércio relativamente livre do Regime Alimentar Internacional que surgiria várias décadas depois, quando a lavoura de grãos britânica sofreu forte pressão competitiva com a importação de trigo, que chegava rapidamente e em quantidade cada vez maior.[5]

O capítulo III esboçou algumas políticas características dos Estados coloniais da Ásia e da África nesse período que impuseram aos lavradores camponeses a mercantilização da subsistência e facilitaram a criação de grandes plantações industriais, lavoura de povoamento e exploração comercial de florestas. A mercantilização da subsistência assumiria e combinaria formas diferentes de atividade ao expandir e aprofundar as divisões sociais do trabalho, com pressões sobre os lavradores camponeses para cultivar produtos de exportação especializados, produzir alimentos para uma força de trabalho assalariada crescente na mineração, na construção civil, na manufatura e nas grandes plantações industriais e a se dedicar

---

4 Observe-se que aqui a palavra inglesa *"corn"* significava "trigo", e não a acepção norte-americana de "milho".

5 Observe-se também a importância hoje constante dessa questão na política agrícola e na política de desenvolvimento: o preço dos alimentos em relação ao dos bens industriais ou os "termos de comércio" entre os setores agrícola e industrial dentro do mesmo país e no comércio internacional; ver mais adiante.

ao trabalho assalariado sazonal. Também a partir do século XIX, os governos coloniais criaram Departamentos de Agricultura nos seus territórios asiáticos e africanos, com a pesquisa agrícola concentrada, no período colonial, nos principais cultivos de exportação, como borracha e açúcar, deixando praticamente de lado os alimentos básicos dos trópicos.

Finalmente, como observado no capítulo III, também houve fronteiras agrícolas criadas por lavradores nativos, que migraram e limparam terras para cultivar novos produtos de exportação. Embora o fizessem por iniciativa própria, durante esse período e depois dele a produção especializada para exportação os integrou cada vez mais às empresas capitalistas que comercializavam, transportavam e processavam a sua safra. Um dos aspectos dessa integração foi o desenvolvimento da regulamentação e de padrões de qualidade no comércio internacional de produtos tropicais como café, cacau e borracha (Daviron, 2002).

Do livre-comércio ao protecionismo (de 1914 à década de 1940)

A economia mundial capitalista foi profundamente afetada pelas guerras mundiais de 1914 a 1918 e de 1939 a 1945 e pela grande depressão da década de 1930, com as suas consequências sobre o comércio internacional. Sujeitos à costumeira irregularidade do desenvolvimento capitalista em diferentes partes do mundo e apesar do encolhimento da economia mundial, os processos anteriormente descritos continuaram, com uma exceção importantíssima. O primeiro RAI desmoronou em 1914, e as políticas de tempo de guerra, juntamente com a depressão, geraram o protecionismo generalizado da agricultura nos países capitalistas industriais.[6] Um exemplo, fundamental para o que aconteceu

---

6 Às vezes, o colapso do RAI e o surgimento do protecionismo são datados de 1929, início da Grande Depressão.

depois, foi a criação nos Estados Unidos, na década de 1930, de uma política de apoio abrangente à lavoura como parte do New Deal dos governos Roosevelt.[7] Essa política garantia aos lavradores um "piso" de preços mínimos, com estoques de excedentes – grãos que não pudessem ser vendidos ao preço predominante no mercado – mantidos pelo governo.

Ao mesmo tempo, a Grã-Bretanha, a França e outras potências coloniais europeias tentaram extorquir ainda mais a população de súditos lavradores seus na Ásia e na África. As câmaras de comércio das principais mercadorias agrícolas, surgidas para apoiar os lavradores (e, em termos mais amplos, os setores agrícolas) da Europa, foram adaptadas na África colonial para extrair renda mais alta dos seus lavradores. Na Índia, a grande depressão intensificou o padrão existente de substituir o cultivo de alimentos básicos para consumo doméstico pela produção exportadora de algodão, juta, açúcar e grãos finos, contribuindo assim para a grande fome de Bengala em 1943 e 1944 (capítulo III).

O segundo Regime Alimentar Internacional (da década de 1940 à de 1970)

As principais características do período posterior à Segunda Guerra Mundial foram: o surgimento dos Estados Unidos e da União Soviética como "superpotências" rivais; a sua competição por aliados entre os países da Ásia e da África, que foram conquistando a independência (apoiada por ambas as superpotências, por razões diferentes); e a recuperação e expansão extraordinária da economia mundial capitalista entre as décadas de 1950 e 1970. Essas características ajudaram a configurar o desenvolvimento da agricultura e o seu efeito sobre a lavoura nas três principais regiões da divisão global do trabalho delineadas.

---

7 O New Deal foi um programa de investimento público para, entre outras coisas, combater o desemprego maciço e reviver o crescimento econômico.

A partir do final da década de 1940, houve nos Estados Unidos e no Norte industrializado em geral uma aceleração marcante do ritmo de transformação técnica da lavoura, através da "quimicalização" (adubos, pesticidas, herbicidas), da mecanização, do desenvolvimento de sementes de alta produtividade e de animais selecionados para produzir ainda mais leite e carne. Em boa parte, a transformação técnica acelerada da lavoura do Norte revelou o tamanho e a concentração crescentes das empresas de agroinsumos a montante da lavoura. O seu papel na configuração dos métodos da lavoura também contribuiu para a tendência à concentração, com um menor número de fazendas, e estas maiores e mais capitalizadas, aumentando assim a escala e a produtividade do trabalho. De 1950 a 1972, os que trabalhavam na lavoura nos Estados Unidos reduziram de 15% para 5% da força de trabalho total (Friedmann, 1990, p.24). Outros efeitos foram o crescimento rápido do abismo de produtividade da terra e do trabalho entre os lavradores capitalistas em grande escala do Norte e do Sul e os lavradores em pequena escala concentrados no Sul, como observado no capítulo I.

Isso logo gerou o conhecido problema, analisado por Marx, do capitalismo: a superprodução, ou seja, quando o crescimento da produtividade e a competição capitalista geram uma quantidade de mercadorias que não pode ser vendida por falta de "demanda efetiva" – expressão dos economistas para designar a existência de poder de compra suficiente para adquirir as mercadorias em oferta. Por sua vez, isso reflete uma característica fundamental do capitalismo: a "demanda efetiva" revela quem fica com o quê – a "renda disponível" que os consumidores podem gastar (inclusive a crédito) – e não quem *precisa* do quê. Esse é um tema bastante evidente nos debates sobre a economia alimentar global de hoje, na qual constata-se que não há escassez absoluta de produção de alimentos, mas muita gente, por não ter renda suficiente para comprar alimentos adequados, passa fome.

Nos Estados Unidos, a política governamental constante de "apoio à lavoura" – na verdade, apoio ao setor agrícola – contribuiu para esse problema, mas também encontrou uma "solução", pelo menos por enquanto, com a formação de um segundo Regime Alimentar Internacional. Este se concentrou no descarte do excedente de alimentos dos Estados Unidos sob a forma de auxílio alimentar, primeiro para ajudar a reconstrução da Europa Ocidental no pós-guerra e depois o Terceiro Mundo, onde o auxílio alimentar foi parte estratégica da política externa durante a Guerra Fria. Friedmann (2004) chama isso de "Regime Alimentar Industrial-Mercantil": mercantil por subsidiar a produção e gerenciar o comércio com benefício para os Estados Unidos e também para os interesses agrícolas europeus, inclusive as empresas gigantescas de comércio de grãos, servindo ao mesmo tempo aos interesses da política externa no Terceiro Mundo; e industrial por causa da importância crescente das empresas de agroinsumos.

Ao contrário do Primeiro Regime Alimentar Internacional, governado em grande medida pelos preços e com a sua pressão competitiva sobre a lavoura europeia de grãos, o Segundo RAI combinou políticas comerciais "mercantis" com "a organização empresarial de um complexo agroalimentar transnacional centrado na economia atlântica" (Friedmann, 1993, p.18). Nesse complexo, os países europeus reproduziram o caráter "nacional" da política agrícola norte-americana ao apoiar a produção e a exportação da lavoura com a Política Agrícola Comum (PAC) da atual União Europeia.[8]

O aumento da renda real no Norte durante a expansão econômica do pós-guerra se refletiu no aumento do consumo e, na verdade, numa nova cultura de massa consumista. Especificamente, o consumo cotidiano de carne e alimentos industrializados e convenientes aumentou muitíssimo, o que indicou o aumento da importância do setor de agroalimentos a jusante da lavoura no "complexo agroalimentar transnacional".

A Lei de Engel, formulada pelo estatístico alemão Ernst Engel (1821-1896), afirma que, com o aumento da renda, o gasto com comida cai proporcionalmente. Nos termos técnicos da ciência

---

8 A PAC começou em 1962 e, hoje, responde por quase metade dos gastos orçamentários da União Europeia.

econômica, a "elasticidade da renda na demanda por alimentos" é menor do que 1, o que significa que, de cada unidade adicional de renda disponível, só parte – e parte cada vez menor – é gasta com comida. No entanto, isso não significa que se gaste menos dinheiro com comida. Para dar um exemplo simples, digamos que uma família com renda anual de 10 mil dólares gaste mil dólares, ou 10%, com a alimentação. Com o tempo, a renda dobra para 20 mil dólares e a proporção gasta com comida cai para 7%, ou seja, 1.400 dólares, um aumento de 40% na *quantia* gasta com comida.[9] Em resumo, o setor agroalimentar expandiu e compete pela quantia total gasta com comida – e pelo seu aumento. A partir da década de 1950, principalmente, e hoje em escala econômica e geográfica ainda maior (capítulo V), surgiram alguns dos maiores nomes do setor agroalimentar, com destaque para os que selecionam e abatem animais para processar a carne e os das grandes cadeias hoje globalizadas de *fast food*.

Quanto ao Sul, a importação de trigo dos Estados Unidos e, mais tarde, da União Europeia, a princípio sob os termos de concessão do auxílio alimentar, ofereceu comida a custo mais baixo do que a lavoura nacional para promover a industrialização de países que, em boa medida, eram autossuficientes na produção de alimentos (refletindo o caso da Grã-Bretanha depois da rejeição das Leis do Trigo cerca de um século antes). Isso é enfatizado na descrição de Friedmann das "origens da dependência alimentar do Terceiro Mundo" (1990), exemplificada por regiões da América Latina, do norte da África e do oeste da Ásia.

---

9 Por sua vez, as famílias pobres do Sul têm de gastar com comida uma proporção enorme de uma renda muito menor e nem assim conseguem adquirir uma alimentação adequada; há um vislumbre disso na cena do meeiro de Bangladesh, na Introdução.

Modernização agrícola na era desenvolvimentista (da década de 1950 à de 1970)

Os países recém-independentes da Ásia e da África saíram do colonialismo como sociedades em grande parte ainda agrárias, mas agora comprometidas com o "desenvolvimento nacional", como a maioria dos países latino-americanos, em geral mais industrializados.[10] Em geral, a modernização da agricultura era um elemento básico das ideias sobre "desenvolvimento nacional", ainda que geralmente subordinada ao desejo de industrialização. Dar prioridade à industrialização poderia significar a substituição da produção nacional de grãos pela importação de trigo barato ou "adiar" a modernização agrícola até que o desenvolvimento da indústria nacional pudesse lhe fornecer insumos modernos. Esse último foi o ponto de vista dominante no planejamento do desenvolvimento da Índia nos primeiros vinte anos de independência, antes do início da Revolução Verde.

Entre as décadas de 1950 e 1970, o ápice do "desenvolvimentismo" – a busca do desenvolvimento sob o comando do Estado –, uma grande variedade de medidas políticas foi adotada e aplicada pelos governos do Sul para "modernizar" a agricultura. A política agrícola também foi usada para tentar resolver algumas contradições e tensões sociais herdadas do histórico colonial, tanto na América Latina quanto na Ásia e na África. Portanto, por exemplo, nesse período se disseminaram reformas agrárias de tipos bem diferentes (ver o capítulo VI), assim como o deslocamento da população rural imposto ou patrocinado pelo governo (prática colonial conhecida), como em regiões da África e do sudeste da Ásia. Os Programas Integrados de Desenvolvimento Rural (PIDRs) da década de 1970, "pacotes" abrangentes que incluíam educação e saúde além da oferta

---

10 Em alguns casos, como no Brasil e no Chile, houve um crescimento industrial significativo na década de 1930, quando o comércio mundial declinou, com a "substituição de importações" (produção de bens manufaturados que antes eram importados).

de serviços econômicos ao campo, foram promovidos com ênfase especial pelo Banco Mundial e pela Agência de Desenvolvimento Internacional dos Estados Unidos (Usaid), fato interpretado por alguns como reação ao sucesso da guerra de libertação nacional no Vietnã, de base camponesa e comandada por comunistas.

Nesse período, as políticas de desenvolvimento rural e agrícola exibiam muita variedade institucional e frequentes "mudanças de paradigma", ou, mais simplesmente, modismos passageiros, como acontece hoje.[11] Apesar da variedade, as políticas e os programas de modernização tinham a mesma lógica central: promover uma *agricultura mais produtiva, baseada no aprofundamento das relações mercantis*, quer pelo desenvolvimento de "pequenas propriedades", quer pela lavoura em grande escala, pública ou privada. Muitas vezes os governos do Sul buscaram isso em "parcerias" com o Banco Mundial, com doadores de auxílio bilateral, principalmente Estados Unidos, Grã-Bretanha e França, e com o capital do agronegócio privado (nacional e internacional), todos os quais ofereceram projetos de modernização.

"Mais produtiva" remete às condições técnicas da lavoura: aprimoramento das variedades e dos métodos de cultivo, uso maior de fertilizantes, oferta de crédito facilitado [*soft credit*] e orientação técnica para lavradores (promovida por meio de serviços de extensão rural). Em geral, isso foi feito de cultivo em cultivo, tanto na exportação quanto na produção de alimentos, principalmente durante a Revolução Verde da década de 1960, com as Variedades de Alta Produtividade (VAP) de sementes dos "três grandes grãos": milho, trigo e arroz.[12] O "pacote" combinava sementes VAP com fertili-

---

11 Essa é uma síndrome comum. Os modelos convencionais de desenvolvimento visam cenários "em que todos ganham" – conseguir o crescimento econômico e dar fim à pobreza –, mas as suas recomendações se atrapalham com as desigualdades e contradições do capitalismo; daí a necessidade de inventar ideias e abordagens aparentemente "novas" ou reinventar e rerrotular as velhas, que, na prática, esbarram nos mesmos problemas.
12 Na verdade, a Revolução Verde começou na década de 1930 com o desenvolvimento das VAP nos Estados Unidos, história contada num estudo importante por Jack Kloppenburg (2004).

zantes, exigindo irrigação substancial para produzir safras maiores, como ilustrado na Introdução pela cena do norte da Índia.

"*Aprofundamento das relações*" mercantis envolve maior integração dos lavradores ao mercado, no qual se especializam em produzir mercadorias específicas para venda, além de comprar e usar quantidade maior de meios de produção (insumos "modernos") e meios de consumo, que podem incluir comida. Os meios para esse fim costumavam ser os seguintes:

- sistemas de crédito para a produção sazonal e os investimentos em capital fixo, por meio de bancos agrícolas estatais ou outras instituições públicas;
- subsídio concedido a fertilizantes e, nas áreas irrigadas da Índia, à eletricidade, para fazer funcionar poços e bombas;
- comercialização facilitada com melhoria da infraestrutura de transportes e organizações especializadas, como cooperativas e agências agrícolas paraestatais (algumas adaptadas do período colonial, como as câmaras de comércio de safras);
- preços "administrados", principalmente os "pisos", ou preços mínimos, estabelecidos pelos governos para produtos fundamentais.

Na década de 1970 eu morava na Tanzânia quando as agências paraestatais de controle de safras se expandiram muito para abranger pesquisa e desenvolvimento, oferta de insumos e crédito, transporte, armazenamento e processamento, além da comercialização. Isso me pareceu uma tentativa de emular, em condições muito diferentes, o modo como as empresas a montante e a jusante da lavoura do Norte se integravam e controlavam o "setor agrícola" (Bernstein, 1981). Jonathan Barker (1989) descreveu esses programas de modernização agrícola da África Subsaariana como tentativa de criar "campesinatos estatais".

É difícil generalizar os efeitos do esforço de modernização agrícola durante o momento de "desenvolvimentismo" por causa da variedade de medidas políticas, dos seus "pacotes" técnicos e institucionais e da capacidade do governo de implantá-los e devido à variedade ainda maior de condições ecológicas e tipos de lavoura aos quais eram aplicados. Na verdade, avaliar o impacto das políticas – tarefa por si só de tamanho considerável – é sempre desafiador, porque o "desempenho" agrícola é afetado por muitos outros fatores, do clima aos efeitos da política macroeconômica (por exemplo e sabidamente, em relação ao câmbio de moedas e às taxas de juros) e aos caprichos dos preços e mercados locais e internacionais. Houve algumas histórias de sucesso em diversas escalas, das quais a maior foi a Revolução Verde da Índia, que permitiu ao país se tornar em pouco tempo autossuficiente na produção de grãos. Isso não quer dizer que o "sucesso" da Revolução Verde ocorreu sem ressalvas; houve limites ao crescimento das safras de trigo e arroz obtidas com os "pacotes" bioquímicos e, em algumas áreas, questões de custo ambiental e, portanto, de sustentabilidade. Nem todos os lavradores se beneficiaram igualmente com a implementação da Revolução Verde (ver o capítulo VII), nem os consumidores de alimentos com os seus efeitos. Por exemplo, parte da terra dedicada ao cultivo dos grãos mais caros e de melhor qualidade foi tirada dos grãos "mais grosseiros", como o painço, e das leguminosas, fonte importantíssima de proteína na dieta dos pobres.

Conclusão

Para responder à pergunta de quais lavradores se beneficiam de políticas agrícolas diferentes e, em termos mais amplos, dos processos de mudança agrária no capitalismo é preciso examinar a sua diferenciação, tema principal dos capítulos VII e VIII. Antes de considerar no próximo capítulo o período atual de globalização neoliberal, concluo aqui com uma observação sobre a possibilidade de obter desenvolvimento econômico hoje, inclusive a industrialização, por meio do crescimento encabeçado pelas exportações agrícolas, em comparação com períodos anteriores da formação da economia capitalista global.

As transições anteriores para o capitalismo industrial e a contribuição dada a elas pela agricultura aconteceram quando o preço das mercadorias agrícolas era, em geral, muito mais alto, em termos reais, do que hoje. Os termos do comércio internacional "mudaram a favor da agricultura [...] durante o século XIX e, na verdade, até a Primeira Guerra Mundial", enquanto, desde a década de 1940, quase sempre "voltaram-se de forma marcante contra as mercadorias agrícolas e a favor dos bens manufaturados pela primeira vez desde a Revolução Industrial" (Kitching, 2001, p.154-5). Isso, em parte, reflete o enorme crescimento de produtividade da lavoura do Norte. Em boa parte do Sul, a promoção da exportação de mercadorias agrícolas tropicais no momento de desenvolvimentismo e depois dele (capítulo V) tende a gerar superprodução sistemática, o que reduz o preço no mercado internacional (o café talvez seja o exemplo mais conhecido).

Gavin Kitching (2001) também nos lembra de que, na época da decolagem industrial, os países mais ricos de hoje tinham população e crescimento populacional menores do que têm atualmente os principais países do Sul. Em geral, a tecnologia industrial também fazia uso mais intensivo de mão de obra do que agora; portanto, a indústria precisava e era mais capaz de absorver o trabalho dos migrantes das áreas rurais, desalojados pela acumulação primitiva e pelo desenvolvimento da lavoura capitalista. Mesmo assim, podemos observar que, durante a primeira "época de ouro" da globalização, o êxodo de pequenos lavradores e trabalhadores agrícolas do campo europeu contribuiu, com um enorme número de pessoas, para a migração transatlântica para as Américas do Norte e do Sul.

V
GLOBALIZAÇÃO NEOLIBERAL E AGRICULTURA MUNDIAL

A partir da década de 1970, a economia mundial capitalista sofreu um processo de mudança profunda geralmente chamado de globalização. A importância e o significado da globalização contemporânea, as suas razões e os seus efeitos continuam muito controvertidos. No seu aspecto mais amplo, ela se refere a novas formas de reestruturar o capital em escala mundial e inclui as seguintes características:

- desregulamentação dos mercados financeiros e "financeirização" de todos os aspectos da atividade econômica;
- aumento da desregulamentação do comércio internacional;
- mudanças da produção, das estratégias de busca de fornecedores e de venda, e da tecnologia do agronegócio transnacional e das grandes empresas manufatureiras; e
- possibilidades descomunais em consequência da informática, entre elas a organização da atividade produtiva (produção e comercialização) e a comunicação de massa.

Em retrospecto, a década de 1970 parece ter sido um marcador tão definitivo das mudanças estruturais subsequentes da economia mundial como fora, um século antes, a década de 1870. A globalização de hoje também foi deflagrada pela recessão da economia capitalista mundial e pelos seus "ajustes", que levaram a uma expansão enorme dos fluxos internacionais de mercadorias e, acima de tudo, de dinheiro. Também foi marcada pelo declínio da competitividade da indústria dos Estados Unidos (como anteriormente a da indústria britânica). Beverly Silver e Giovanni Arrighi (2000, p.56) explicaram assim: "A profunda crise capitalista da década de 1970 foi, antes de tudo, um reflexo da incapacidade do capitalismo mundial instituído sob a hegemonia dos Estados Unidos de cumprir as promessas de um New Deal global"[1] – o que incluía o apoio ao "desenvolvimentismo" do Sul, ainda que seletivamente. Isso levou à "liquidação do regime internacional dos trinta anos anteriores, favorável ao trabalho e ao desenvolvimento, em troca de um regime favorável ao capital". "Favorável" aqui é relativo ao que havia antes e ao que veio depois: "Sob o novo regime, a crise do capitalismo logo se transformou numa crise da mão de obra organizada e do Estado de bem-estar social, nos países ricos, e na crise do comunismo e do Estado desenvolvimentista, nos países mais pobres".

A expressão "globalização *neoliberal*" indica que as mudanças e dinâmicas do período atual não são simples efeitos "automáticos" da natureza cíclica e das contradições do capitalismo (ou seja, superprodução, superacumulação e sua pressão sobre a taxa de lucro), mas constituem um programa político e ideológico específico – o neoliberalismo – para resolver os problemas do capital (Harvey, 2005, principalmente o capítulo II), programa que substituiu as tentativas políticas anteriores de construir um "New Deal global", como disseram Silver e Arrighi. O programa neoliberal se concentra em promover a liberdade e a mobilidade do capital e em "rechaçar o Estado", ainda que seja altamente seletivo na prática.

Em primeiro lugar, isso significa reduzir ou abolir as conquistas das classes trabalhadoras registradas na regulamentação estatal e nas medidas relativas a contratos de emprego, jornadas e condições de

---

[1] Em analogia com o New Deal de Roosevelt nos Estados Unidos, na década de 1930 (capítulo IV), isto é, com o papel fundamental do investimento público e, portanto, do planejamento, ao estimular e configurar o crescimento econômico.

trabalho, salário mínimo, direito de associação, assistência médica, educação e previdência social. Em segundo lugar, sem as restrições da regulamentação, o mercado global de capital, no qual imensas quantias se deslocam com velocidade sem precedentes impulsionadas pela busca do ganho a curto prazo, reduz a capacidade dos Estados de implantar políticas macroeconômicas com alguma autonomia efetiva. Portanto, o mantra neoliberal das medidas políticas para obter "competitividade" no mercado global e a pauta de privatizar empresas e serviços públicos são aspectos do aprofundamento da mercantilização de todos os aspectos da vida social. Em terceiro lugar, em termos de desenvolvimento econômico, o neoliberalismo adota a pauta de planos de ajuste estrutural, liberalização econômica, privatizações e "reforma do Estado" imposta aos países do Sul (e ao antigo bloco soviético) que provocou o fim do projeto de desenvolvimento conduzido pelo Estado.

Colapso do segundo Regime Alimentar Internacional

O colapso do segundo RAI acompanha, em termos mais amplos, o ritmo e a dinâmica da globalização. O colapso começou no início da década de 1970, provocado por uma "escassez súbita e sem precedentes e pela disparada dos preços" no mercado mundial de grãos quando os Estados Unidos suspenderam o embargo da venda de grãos à União Soviética e lhe forneceu imensa quantidade de trigo a preço preferencial (Friedmann, 1993, p.40). Esse episódio registrou a contradição da superprodução e, portanto, do descarte de excedentes e da escalada do custo de manter a estabilidade dos preços, com efeito, sobre o lado "mercantil" do segundo RAI. A Europa também contribuiu para a superprodução, pois reproduzira a política norte-americana de apoio agrícola e, pela primeira vez em um século, começara a produzir excedentes de grãos em tempo de paz (além de grandes excedentes de outras mercadorias, como laticínios).

A concorrência intensificada no comércio agrícola internacional vinculou a tensão de gerenciar o lado "mercantil" do segundo RAI à mudança geográfica do seu lado "industrial" (produção). Por exemplo, a Argentina e o Brasil se tornaram dois dos quatro maiores produtores mundiais de soja (os outros são os Estados Unidos e a China). A soja, uma oleaginosa, é quase toda convertida em ração animal para a pecuária intensiva em confinamento. A sua produção continuou a se expandir imensamente, dobrando de 1990 a 2005, e ela se uniu aos "três grandes" grãos, trigo, arroz e milho, para formar os "quatro grandes" da produção mundial do campo (Weis, 2007, p.17). A história da soja ilustra o crescimento acelerado do poder, da influência e do controle das compras, do processamento e das vendas mundiais de alimentos pelo agronegócio transnacional, tanto de agroinsumos quanto de agroalimentos, que agora forçavam os limites "mercantis" do segundo RAI dos quais antes tinham se beneficiado. As grandes empresas se tornaram "os principais agentes (globais) a tentar [...] organizar condições estáveis de produção e consumo que lhes permitam planejar investimentos, compra de material agrícola e comercialização" (Friedmann, 1993, p.52). Na verdade, isso marca uma mudança para a regulamentação privada (empresarial) da economia alimentar global, embora com um nível alto e constante de subsídios agrícolas nos Estados Unidos e na União Europeia.

Em termos da política de interesses agrícolas, o fim da Guerra Fria e o fracasso da URSS corroeram o propósito estratégico do fulcro transatlântico do segundo RAI (inclusive do auxílio alimentar), enquanto os problemas recorrentes de superprodução levaram os Estados Unidos a pôr o comércio agrícola na pauta da rodada do Uruguai do Gatt (General Agreement on Tariffs and Trade – Acordo Geral de Tarifas e Comércio), entre 1986 e 1994, quando antes tinham impedido a sua submissão aos processos e regras desse Acordo.[2]

---

2 O Gatt foi criado em 1947 para reduzir as barreiras ao comércio internacional; em 2004, foi substituído pela Organização Mundial do Comércio (OMC).

Agricultura global na era neoliberal

A partir da desordem do mercado agrícola mundial que se seguiu ao colapso do segundo RAI, um terceiro RAI pode estar tomando forma: o surgimento de um "regime alimentar empresarial de comércio multilateral" (Friedmann, 2004). A concorrência internacional acabou de observar que o "comércio multilateral" substitui o aspecto "mercantil" do segundo RAI, enquanto o aspecto "industrial" continua, agora sob crescente controle empresarial, tanto a montante quanto a jusante da lavoura. Ainda não se sabe se um terceiro RAI, acompanhado de tentativas de regulamentação e resistência, conseguirá atingir o mesmo grau de coerência e relativa estabilidade dos dois anteriores, ainda mais diante de pressões ambientais como o esgotamento das reservas de petróleo e a mudança climática. É digno de nota que a drástica inflação global do preço dos grãos que começou em 2005 e teve o seu pico em 2008 reproduziu (ainda que não por razões idênticas) a da década de 1970, começo do fim do segundo RAI.

Os seguintes temas são fundamentais e caracterizam a discussão da globalização neoliberal e do seu impacto sobre a agricultura nas últimas décadas:

1. liberalização do comércio, mudanças do padrão comercial global de mercadorias agrícolas e batalhas a elas associadas dentro e em torno da Organização Mundial do Comércio (OMC);
2. o efeito sobre o preço do mercado mundial de negócios futuros em mercadorias agrícolas, isto é, a especulação estimulada pela "financeirização";
3. a remoção de subsídios e de outras formas de apoio a pequenos lavradores no Sul como medida de "austeridade" exigida pelo neoliberalismo, juntamente com a redução dos orçamentos governamentais e de auxílio à maior parte da lavoura no Sul;
4. o aumento da concentração das grandes empresas globais nos setores de agroinsumos e agroalimentos, marcado por fusões

e compras de empresas e pelo poder econômico de menos empresas que dominam quinhões maiores do mercado;

5. novas tecnologias organizacionais empregadas pelas empresas das cadeias mercantis, desde a lavoura, passando pelo processamento e pela manufatura até a distribuição no varejo, isto é, a "revolução do supermercado" nas compras globais de alimentos e na participação das vendas de alimentos no mercado e a entrada recente na China, na Índia e em outras regiões do Sul das principais cadeias de supermercados;

6. a combinação dessas tecnologias organizacionais com o poder econômico das grandes empresas, que configura e restringe as práticas e "escolhas" de lavradores e consumidores;

7. a pressão das empresas para patentear os direitos de propriedade intelectual sobre material genético vegetal sob as determinações da OMC sobre Aspectos dos Direitos de Propriedade Intelectual Relacionados ao Comércio (Trips) e a questão da "biopirataria" empresarial;

8. a fronteira técnica da engenharia genética de material vegetal e animal (OGMs, ou Organismos Geneticamente Modificados) que, junto com a monocultura especializada, contribui para a perda da biodiversidade;

9. a fronteira de lucro da produção de biocombustível, dominada pelas empresas de agronegócio apoiadas por subsídios públicos nos Estados Unidos e na Europa, e o seu efeito na produção mundial de grãos para consumo humano;

10. as consequências para a saúde, inclusive o nível crescente de substâncias químicas tóxicas em alimentos "industrialmente" cultivados e processados, a deficiência nutricional da alimentação composta de *junk food*, *fast-food* e alimentos industrializados, o aumento de casos de obesidade e das doenças ligadas à ela, além da continuação e talvez do aumento da fome e da desnutrição;

11. o custo ambiental de todos os itens anteriores, inclusive o nível de uso de energia e de emissões de carbono, na "industrialização" em andamento na lavoura, no processamento e

na venda de alimentos; por exemplo, a distância pela qual a comida é transportada de caminhão, navios e aviões entre o produtor e o consumidor; e

12. resultante de tudo aqui citado, a questão da "sustentabilidade" ou, de outro modo, do sistema alimentar global atual, a continuação do seu crescimento ou reprodução ampliada na trajetória observada.

Esses temas tópicos e espinhosos são bastante discutidos em muitos debates públicos no Norte e no Sul e num dilúvio de publicações.[3] Até a simples listagem desses temas, que é só o que este espaço permite, indica novos desdobramentos e ligações com o que já foi tratado em particular:

- o ritmo da extraordinária mudança técnica da lavoura e dos setores a montante e a jusante (principalmente a "quimicalização");
- como essa mudança é impulsionada pelas estratégias de lucro e acumulação dos setores de agroinsumos e agroalimentos (e seus *lobbies* fortíssimos na formação das políticas públicas); e
- os efeitos diferentes sobre a lavoura e o consumo de alimentos no Norte e no Sul e como esses efeitos são configurados pela divisão internacional do trabalho e pelo comércio de mercadorias agrícolas.

O fim do desenvolvimentismo

Observei anteriormente que uma característica fundamental da globalização neoliberal no Sul é a pauta de "reforma" política com liberalização do comércio, privatização e "rechaço do Estado". Isso

---
3 Por exemplo, e com qualidade variável, Desmarais (2007), Weis (2007), Patel (2007), Van der Ploeg (2008), Albritton (2009) e Bello (2009), todos muito críticos da agricultura empresarial e defensores da via alternativa do pequeno lavrador (ver os capítulos VII e VIII).

foi promovido pelos planos de ajuste estrutural impostos pelo Banco Mundial e pelo Fundo Monetário Internacional (FMI) a governos sujeitos ao crescimento súbito do fardo da dívida externa – outro aspecto central do período desde a década de 1970. A passagem para a liberalização também foi iniciada por conta própria por alguns governos, notadamente o da Índia, a partir do início da década de 1990. Portanto, a nova pauta da política macroeconômica marcou o fim do período anterior de desenvolvimento sob comando do Estado, inclusive o declínio do financiamento governamental e dos órgãos de auxílio ao desenvolvimento agrícola, principalmente nas linhas para pequenos lavradores.

Embora seja impossível generalizar com precisão os efeitos da globalização neoliberal sobre a agricultura em todo o Terceiro Mundo, podem-se observar algumas tendências. Primeiro, a tendência a aprofundar as relações mercantis, mas com níveis reduzidíssimos de investimento, direção e controle estatais, sem falar da redução ou suspensão de subsídios diretos e indiretos, principalmente a pequenos lavradores, "talvez o aspecto mais pernicioso da agricultura sob ajuste estrutural", de acordo com Annette Desmarais (2007, p.48; enfatizado também por Bello, 2009). Nesse aspecto, o impacto da globalização neoliberal sobre a lavoura tende a afetar negativamente os lavradores menores e mais pobres do Sul, gerando, em muitas áreas, novas ondas de "desagrarianização" ou "descamponização" (ver os capítulos VI e VII).

Em segundo lugar, abandona-se a busca do "desenvolvimento nacional" por meio da industrialização e da produção para o mercado doméstico ("substituição de importações") sempre que considerada "não competitiva" em termos do mercado mundial determinado pela liberalização das importações, isto é, quando uma mercadoria pode ser importada a preço mais baixo do que se fosse produzida nacionalmente. A orientação do "desenvolvimentismo" para o mercado nacional é substituída pelo aumento da promoção da produção exportadora, ostensivamente segundo "vantagens comparativas". Alguns exemplos desse fenômeno são:

- expansão do cultivo "tradicional" de exportação, como café, cacau, chá, açúcar, algodão e babaçu (em alguns casos, "reabilitar" o seu cultivo);
- promoção de mercadorias de alto valor, principalmente produtos hortícolas como frutas frescas, hortaliças e flores, além de produtos de aquacultura como camarão, normalmente levado de avião para os supermercados da América do Norte e da Europa; e
- expansão da produção em grande escala de soja, açúcar e grãos, alguns deles para a produção de biocombustíveis, e da pecuária, principalmente em regiões da América Latina.

Em terceiro lugar, como indicam esses exemplos, o aprofundamento da mercantilização e da especialização da produção de mercadorias agrícolas é realizado por diversos tipos de lavradores em lugares diferentes: dos lavradores "familiares" a médios e grandes lavradores capitalistas e, em alguns casos, grandes empresas agrícolas.

O fim do campesinato?

O fim do "camponês", ou lavrador em pequena escala ou familiar, foi anunciado – e arduamente contestado – em vários lugares e em épocas diferentes, há dois séculos ou mais. É contestado em termos empíricos: aconteceu ou não? Onde? Até que ponto? É contestado em termos analíticos: por que aconteceu ou não? Aconteceu em graus diferentes e em lugares diferentes? E é contestado em termos normativos: o fim do campesinato é necessário para o desenvolvimento econômico moderno? E, portanto, é uma coisa boa ou ruim?

A "eliminação dos camponeses" (Kitching, 2001) é considerada uma necessidade pelos que adotam conceitos de modernização capitalista e/ou socialista, inclusive muitos marxistas, para os quais é uma coisa boa, ainda que dolorosa. Acredita-se que os ganhos do progresso rumo à modernidade sempre envolvem grandes sublevações. A opinião de que a criação do novo traz consigo a destruição do velho foi fundamental na análise de Marx do desenvolvimento do capitalismo, com todo o sofrimento que descreveu com tanto brilho (ele também era avesso a romantizar o que precedeu o capitalismo).

A opinião de que a "eliminação do camponês" é uma coisa ruim está associada ao populismo. Como mostrou tão bem Gavin Kitching (1982), as ideias populistas são uma reação recorrente às enormes sublevações sociais que marcaram o desenvolvimento do capitalismo durante a história do mundo moderno. A defesa do valor intrínseco e dos interesses do pequeno produtor, tanto artesão quanto camponês, como simbólicos do "povo" surge repetidas vezes como ideologia e movimento de oposição às mudanças forjadas pela acumulação de capital. É esse o caso tanto nos centros originais de acumulação (noroeste da Europa, América do Norte) quanto naquelas outras regiões expostas aos efeitos do desenvolvimento capitalista por meio da sua integração à economia mundial em expansão, desde a Rússia do século XIX até o Sul de hoje. O populismo agrário, especificamente, é a defesa dos lavradores familiares ou camponeses contra as ameaças à sua reprodução vindas do capitalismo e dos seus agentes de classe – dos mercadores e bancos ao capitalista proprietário de terras, ao capital agrário e ao agronegócio – e, antigamente, dos projetos de "desenvolvimento nacional" sob o comando do Estado em todas as variantes capitalistas, nacionalistas e socialistas, das quais a coletivização da agricultura soviética na década de 1930 foi o marco mais forte.

Harriet Friedmann (2006, p.462) se refere ao "atual ataque maciço às formações camponesas remanescentes no mundo" (que se baseia em ondas de ataque anteriores), e Philip McMichael (2006, p.462) observa que o "'regime alimentar empresarial' [...] expropria os lavradores como condição para a consolidação da agricultura empresarial" – exemplo do que Harvey (2005) chama de "acumulação por expropriação" (na verdade, uma nova onda de acumulação primitiva). Segundo a discussão dos capítulos II e III, a pergunta pode ser assim formulada: a mercantilização da subsistência, em andamento e intensificação nas condições atuais da globalização, culmina com a perda do acesso à terra e o fim da lavoura em pequena escala de maneira mais abrangente do que no passado? A globalização constitui um tipo de clímax de um processo histórico mundial de "eliminação do camponês" que, até agora, avançou de forma irregular e incompleta em momentos e lugares diferentes da história do capitalismo?

Farshad Araghi (2009) propõe um arcabouço ousado para refletir sobre tais perguntas dentro dos seguintes períodos:

1492-1832: "Época do cercamento colonial dos campos e acumulação primitiva original do capital na Inglaterra", marcada nas duas extremidades pela chegada de Colombo às Antilhas e pela *Emenda à lei dos pobres* na Grã-Bretanha, que significou "o começo da tentativa sistemática da burguesia industrial liberal inglesa de desmantelar [...] o sistema rudimentar de bem-estar social" (Araghi, 2009, p.120). O propósito era disciplinar a classe trabalhadora exatamente quando a mesma burguesia industrial afirmava a sua força contra o "interesse agrícola" britânico com a rejeição das Leis do Trigo quatorze anos depois (capítulo IV).

1832-1917: "Regime alimentar do capital", que marca o surgimento e depois o domínio do capitalismo industrial e a divisão global do trabalho por ele criada. A "política agrária do globalismo liberal-colonial desse período foi [...] descamponização, proletarização e urbanização nacional e camponização, ruralização e superexploração da mão de obra coagida nas colônias" (Araghi, 2009, p.122).

1917-1975: Época marcada nas duas extremidades pela Revolução Bolchevique e pela vitória da luta vietnamita de libertação nacional e caracterizada como período de "recuo reformista global do liberalismo clássico" (Araghi, 2009, p.122), inclusive o Estado desenvolvimentista (do qual a URSS foi o primeiro grande exemplo).

A partir da década de 1970: globalização neoliberal, durante a qual "a descamponização e o deslocamento relativos do período do pós-guerra deram lugar à descamponização e ao deslocamento absolutos" por meio de uma onda de "cercamentos de campos globais" (Araghi, 2009, p.133-4).

Sumarizo aqui o arcabouço de Araghi porque permite comparações e contrastes com as linhas gerais históricas usadas neste livro e por causa da conclusão de que "a descamponização global não é um processo completo nem que se complete sozinho para levar à morte o campesinato. As classes sociais não acabam e morrem simplesmente; elas vivem e se transformam por meio de lutas sociais" (Araghi, 2009, p.138). Isso nos leva a examinar o significado de termos como campesinato e pequenos lavradores ou familiares e a indagar mais profundamente se estes constituem ou não uma classe social e as consequências das diversas respostas a essa pergunta. O capítulo VI revisa questões e ideias relacionadas à persistência dos camponeses ou dos lavradores familiares no capitalismo moderno até hoje. O capítulo VII vai mais fundo nas questões e ideias sobre a formação de classes no campo. E o capítulo VIII examina algumas complexidades da análise de classes, com referência especial à passagem da sociologia econômica das relações de classe para a sociologia política da ação de classe.

VI
AGRICULTURA CAPITALISTA E LAVRADORES NÃO CAPITALISTAS?

Até aqui, mencionei várias vezes o desenvolvimento desigual do capitalismo. Neste capítulo, esboço várias explicações de por que o desenvolvimento do capitalismo na lavoura é mais desigual ainda, com referência especial às questões de sobrevivência ou persistência dos camponeses ou lavradores familiares. Essas explicações devem ser sempre verificadas em relação às condições históricas específicas; conforme essas condições mudam, muda também a pertinência da explicação, como ilustrarei. Já foram sugeridas as três seguintes explicações gerais:

- "obstáculos" ao investimento de capital na lavoura;
- interesse do capital em permitir ou estimular a reprodução da lavoura em pequena escala; e
- resistência dos lavradores em pequena escala à expropriação e à proletarização (assinalada pela referência de Araghi a "lutas sociais", no fim do capítulo V).

"Obstáculos" à lavoura capitalista

Condições técnicas de produção: o "problema" do capital com a natureza

Um grupo de explicações sugere fatores que inibem o capital de investir de forma mais geral e direta na lavoura do que em outros tipos de produção. Por exemplo, enquanto a manufatura transforma matérias-primas já apropriadas da natureza (como fazem os setores de agroinsumos e agroalimentos), a lavoura transforma a natureza por meio da própria atividade de se apropriar dela. Portanto, a lavoura enfrenta as incertezas dos ambientes naturais e processos ecológicos e o modo como estes afetam o crescimento de organismos vegetais e animais.

Uma segunda explicação que diz respeito às condições naturais peculiares da lavoura se concentra na diferença entre tempo de trabalho e tempo de produção (Mann; Dickinson, 1978). Na lavoura, ao contrário da produção industrial, o tempo de produção excede o tempo de trabalho (na preparação do solo, na semeadura, na limpeza de ervas daninhas etc.), porque é preciso aguardar o ritmo de crescimento natural de plantas e animais. Isso significa que o capital fica "amarrado" e sem condições de gerar lucro antes da hora da colheita ou do abate dos animais. No entanto, como indicado no capítulo V, uma tendência característica da agricultura capitalista moderna é alinhar a lavoura com a produção industrial: *simplificar, padronizar* e *apressar* o máximo possível os processos naturais. A inovação tecnológica na lavoura, impulsionada especificamente pelo setor de agroinsumos, mas também pelo de agroalimentos, visa a produzir material vegetal e animal que seja mais previsível, além de ter maior tamanho e maturação mais rápida, por meio da ação sobre os solos (fertilizantes), ervas daninhas (herbicidas) e parasitas (pesticidas); sobre o clima (irrigação, estufas); sobre características das plantas (engenharia genética, amadurecimento artificial); e sobre o crescimento animal (rações concentradas, estimulantes hormonais de crescimento, engenharia genética).

Para os críticos da agricultura capitalista moderna, essas inovações constituem uma "industrialização" cada vez mais intensa da lavoura, com um custo ecológico alto e crescente, inclusive custo para a saúde em consequência do modo de cultivo e processamento dos alimentos, do declínio do valor nutritivo e do aumento do nível de toxicidade de muitos alimentos. A seguir, dois exemplos, entre muitos possíveis. Um é a mudança nos últimos 150 anos – e que se intensifica cada vez mais – do cultivo em campo aberto, que passou do histórico "agroecossistema em ciclo fechado" (capítulo IV), com interações complexas entre solo, química vegetal e micro-organismos, para a simplificação radical dos sistemas com base em aplicações cada vez maiores de fertilizantes e outros produtos químicos. Nesta última, o solo se torna meramente um meio para a absorção de produtos químicos que "fluem" para o crescimento mais rápido de mais plantas com rendimento maior. Isso resulta em solos estéreis, que exigem ainda mais produtos químicos para que neles cresça alguma coisa; por sua vez, a intensidade da "quimicalização" aumenta a toxicidade do solo (e do lençol freático), das plantas que nele crescem e do alimento que comemos.

Um segundo exemplo é o das "operações de alimentação de animais em confinamento", usadas para produzir o máximo de carne bovina, suína e de aves no espaço mais concentrado e no menor tempo possíveis. Na verdade, esse também é um tipo de sistema de "fluxo", no qual o corpo do animal é o meio que absorve rações concentradas e estimulantes hormonais do crescimento, junto com alto nível de antibióticos para combater o risco de doenças em animais confinados muito próximos. A produção de aves talvez seja o exemplo mais espantoso da agricultura industrializada, porque a "fábrica" padronizada de frangos, com o seu ambiente fechado e controlado, é completamente portátil. Pode se estabelecer em qualquer lugar onde seja lucrativa, "liberando" assim o capital da terra e das restrições de locais específicos que, até hoje, caracterizaram toda a história da lavoura.[1]

---

[1] Juntos, Brasil, Tailândia e China dobraram a sua participação no comércio mundial de aves: de 23% em 1995 para 46% em 2003 (Burch, 2003).

Dinâmica social da produção: arrendamento, processo de trabalho, custo da mão de obra

Algumas dinâmicas sociais de produção também podem ser obstáculos para a lavoura capitalista. Uma das explicações sugere que o fardo do arrendamento da terra como dedução do lucro estimula o capital a deixar que os lavradores "familiares" absorvam esse custo (Djurfeldt, 1981), do mesmo modo que absorvem o risco e o atraso da apuração do valor das mercadorias agrícolas. Outro obstáculo diz respeito ao processo de trabalho: é muito mais difícil, logo caro, supervisionar e controlar o ritmo e a qualidade do trabalho no campo ou no pomar do que na fábrica, o que torna a mão de obra familiar mais vantajosa na lavoura do que a assalariada. Em terceiro lugar, quando a industrialização rápida e a urbanização a ela associada elevam o nível salarial, as lavouras familiares podem gozar de uma "vantagem no preço da mão de obra" sobre as lavouras capitalistas, fator do "fracasso do capitalismo agrário" – ou melhor, da lavoura capitalista – na Grã-Bretanha, na Alemanha, nos Países Baixos e nos Estados Unidos entre 1846 e 1919, de acordo com Niek Koning (1994).

Tais explicações também podem ser interpretadas de outro ponto de vista. Podem ser consideradas formas de a lavoura em pequena escala ser *competitiva*, no sentido de que os pequenos lavradores absorvem custos e riscos que os lavradores capitalistas não se dispõem a suportar. Logo, dependendo das circunstâncias, os lavradores em pequena escala podem oferecer mercadorias agrícolas mais baratas do que os lavradores capitalistas, que talvez achem mais lucrativo investir em atividades agrícolas a montante e a jusante. Isso nos leva ao segundo conjunto de explicações da irregularidade do desenvolvimento capitalista na lavoura, ou seja, os benefícios para o capital de deixá-la para os lavradores "familiares".

Exploração: benefícios da "lavoura familiar" para o capital?

Como observado, os benefícios da lavoura "familiar" para o capital podem ser apenas o outro lado da moeda dos "obstáculos" para a lavoura capitalista, ainda que sejam "obstáculos" mutáveis e que o capital tenta remover. Também indiquei que as ideias sobre benefícios para o capital giram em torno da proposição de que a lavoura em pequena escala é competitiva em relação à lavoura capitalista. Aqui, quero esclarecer algumas ambiguidades e complexidades de como essas ideias são formuladas e aplicadas, principalmente em relação ao caráter social da *mão de obra* empregada na lavoura "familiar" – logo, questões de *exploração*.

Na década de 1920, o grande economista agrícola russo A. V. Tchaianov (1888-1937) escreveu:

> Nos países capitalistas mais desenvolvidos, como os da América do Norte, o desenvolvimento do crédito por hipotecas, o financiamento do capital circulante da lavoura e o papel dominante desempenhado pelo capital investido em transportes, silos, irrigação e outros empreendimentos [...] [representam] novas maneiras pelas quais o capitalismo penetra na agricultura. Essas maneiras convertem o lavrador em força de trabalho que usa os meios de produção de outras pessoas. Elas convertem a agricultura, apesar da evidente natureza dispersa e independente dos pequenos produtores de mercadorias, em sistema econômico concentrado numa série de empreendimentos maiores e, por meio deles, entram na esfera controlada pelas formas mais avançadas de capitalismo financeiro. (Tchaianov, 1966, p. 202)

Essa é uma afirmativa notável para a época. Observemos, primeiro, a forte indicação de Tchaianov de que o "sistema econômico" da moderna agricultura capitalista vai além dos setores de agroinsumos e agroalimentos para controlar, "pelas formas mais avançadas de capitalismo financeiro", o que pode se aplicar ao mercado de terra e ao comércio de mercadorias agrícolas, geralmente atividades altamente especulativas, além do crédito para a produção dos lavradores. Em segundo lugar, Tchaianov se refere aos lavradores (familiares) aparentemente independentes como "pequenos produtores de mercadorias". Em terceiro lugar, ele insinua que, na agricultura capitalista moderna, esses lavradores não são nada "independentes" e ocupam o lugar de classe da mão de obra em relação ao capital: "uma força de trabalho que usa os meios de produção de outras pessoas". Logo, os lavradores são explorados no mesmo sentido em que a mão de obra é explorada pelo capital em termos mais gerais, embora de forma diferente – e, presumivelmente, enquanto isso beneficiar o capital.

Tchaianov pressupôs que os lavradores em questão eram "*pequenos* produtores de mercadorias", cujas lavouras são trabalhadas com mão de obra familiar (ou caseira) sem o emprego de mão de obra assalariada. Esse pressuposto é limitador em termos teóricos e históricos por várias razões relativas à escala, às noções de "lavoura familiar" e às relações com o capital a montante e a jusante da lavoura. Em primeiro lugar, na época de Tchaianov a escala ainda era medida principalmente pelo *tamanho* da lavoura – em termos implícitos, pela área de terra que podia ser trabalhada com mão de obra familiar usando os meios de produção então disponíveis. No capitalismo moderno, uma medida mais relevante da escala é a *capitalização* da lavoura: o volume de capital necessário para criar tipos diferentes de lavoura – o "custo de entrada", nos termos dos economistas – e reproduzi-los. É claro que isso pode provocar efeitos sobre o tamanho da lavoura quando a mecanização possibilita que relativamente poucos trabalhadores cultivem uma área muito maior, como na produção de grãos e oleaginosas. Por outro lado, alguns ramos mais produtivos da horticultura – frutas e hortaliças frescas, pomares, vinhedos e flores – têm empresas com área relativamente pequena mas altamente capitalizadas e com uso intensivo de mão de obra.

Em segundo lugar, a noção de "lavoura familiar" costuma ser usada para se referir a lavouras de propriedade da família, gerenciadas pela família ou trabalhadas pela família, o que pode ser enganoso. Uma lavoura pertencente a uma família pode ser uma empresa totalmente capitalista administrada por um gerente contratado e com mão de obra assalariada. Do mesmo modo, a lavoura gerenciada pela família pode ser uma empresa capitalista com trabalhadores assalariados ou terceirizados por empresas altamente especializadas, contratados para arar, semear, tratar a plantação com produtos químicos e colher (como em algumas lavouras de grãos norte-americanas). Tais elementos nos fornece a lavoura trabalhada pela família, que constitui o significado mais forte de lavoura "familiar" e o único caso em que faz algum sentido dizer que é possível a exploração do lavrador. Volto a essa questão mais adiante e por enquanto observo que, frequentemente, empreendimentos designados como lavouras trabalhadas pela família também empregam mão de obra assalariada.

Em terceiro lugar, as lavouras que tendem a se incorporar mais inteiramente à moderna agricultura capitalista, como descreve Tchaianov no caso da América do Norte – por exemplo, as que fornecem matéria-prima para as empresas de agroalimentos por meio de contratos que especificam exatamente os "insumos, processos de produção e produtos" (Albritton, 2009, p.82) – costumam ser empresas capitalistas que empregam mão de obra assalariada. Nesse aspecto, não diferem de empresas capitalistas geralmente pequenas que se especializam em produzir, digamos, peças de veículos fornecidas sob contrato a grandes fábricas de automóveis. Os "lavradores" donos dessas empresas agrícolas não podem ser "explorados" pelas empresas que as contratam nem pelos bancos dos quais fazem empréstimos (muito embora costumem afirmar que são!); na verdade, eles exploram os trabalhadores que empregam (como explicado no capítulo II).

Tchaianov tinha outro conceito de exploração, mais conhecido e amplamente usado nos "estudos camponeses": a *"autoexploração"*. É um conceito que deriva do seu argumento de que os imperativos de reprodução das lavouras com mão de obra familiar fazem com que o custo adicional da mão de obra seja desconsiderado em condições desfavoráveis. A família não calcula o custo da sua própria mão de obra ao lavrar a terra da maneira como os lavradores capitalistas incorporam o custo dos salários ao cálculo de despesas e expectativa de lucro. Na verdade, os "camponeses" tendem a lavrar mais intensivamente do que os capitalistas, ainda que num nível mais baixo de produtividade do trabalho; do mesmo modo, muitas vezes são forçados a comprar ou arrendar terras a preço mais alto e a vender o seu produto a preço mais baixo do que os lavradores capitalistas se dispõem a fazer.

A ideia de que pequenos lavradores familiares conseguem suportar custos de produção e reprodução, inclusive o nível mais baixo de consumo – explorando-se, portanto –, que os lavradores capitalistas não se disporiam a aceitar não é exclusiva nem original de Tchaianov. Ela surge em outras explicações do aparente poder de permanência da lavoura em pequena escala – ou "persistência do campesinato" – durante a época do capitalismo moderno, inclusive nas do marxista Karl Kautsky (1988), no fim do século XIX. O argumento é que esse poder de permanência ou "persistência" é tolerado e até estimulado pelo capital na medida em que a lavoura camponesa ou familiar continua a produzir mercadorias alimentares "baratas" que baixam o custo da força de trabalho (salário) para os capitalistas e realmente produz, ela mesma, força de trabalho "barata". Isto é, os camponeses e pequenos lavradores que também vendem a sua força de trabalho podem receber menos porque o seu salário não precisa cobrir o custo total de reprodução da família, parcialmente coberto pela lavoura – às vezes vista como "subsídio" para o capital que emprega trabalhadores rurais migrantes. Houve vislumbres disso nas condições coloniais descritas no capítulo III como "semiproletarização", e examino melhor esse fato no capítulo VII.

Para resumir esse breve exame até aqui: vários argumentos da economia política buscam explicar por que a evolução da agricultura capitalista não gerou de forma abrangente a lavoura capitalista. Um tema comum nessas explicações é que a agricultura capitalista cria maneiras de subordinar ou incorporar os lavradores pequenos ou familiares (ou "camponeses") à sua estrutura de mercado e dinâmica de acumulação, desde que seja benéfico para o capital. Com frequência, para não dizer necessariamente, isso está ligado a alguma noção de que os lavradores são direta ou indiretamente "explorados" pelo capital, seja no Sul ("camponeses"), seja no Norte, onde a participação dos lavradores no valor total da produção agrícola tem sofrido declínio constante em relação à participação crescente dos insumos (e do seu custo), o que beneficia as empresas de agroinsumos, e do processamento e da comercialização, em proveito das empresas de agroalimentos (Weis, 2007, p.82).

Finalmente, deveríamos reconhecer que, em algumas regiões do Sul, os pequenos lavradores foram bastante "ignorados" [by passed], para usar os termos de Tchaianov, pela penetração do capitalismo na agricultura, às vezes por longos períodos.[2] A "persistência do campesinato" pode refletir o fato de que a acumulação primitiva é irregular e demorada, mesmo que agora esteja terminando em alguns lugares por meio da intensificação da "acumulação por expropriação", como defendem alguns (capítulo V). Em resumo, esses processos são contingentes e sujeitos a mudanças. Isso também se assinala pelo ponto de vista de que o capitalismo cria maneiras de subsumir os lavradores em pequena escala, desde que isso seja benéfico ao capital. Mas basta atribuir a mudança exclusivamente aos interesses do capital? E as "lutas sociais" a que Araghi se refere?

O papel da resistência

Muitos estudiosos concebem o desenvolvimento desigual da lavoura no capitalismo, inclusive nos períodos coloniais no Sul, como histórias de *resistência* dos pequenos lavradores e camponeses à mercantilização, à expropriação e à proletarização. Essa resistência se manifesta em lutas causadas por disputas em torno da

---

2 Isso não significa que tenham sido "ignorados" pelas relações mercantis, como explico no capítulo VII.

terra, arrendamento, impostos, dívidas, cultivo forçado, trabalho obrigatório e o controle que os Estados coloniais e independentes tentaram impor aos pequenos lavradores em nome do progresso – fosse na missão do colonialismo de "civilizar" outros povos (capítulo III), fosse na "modernização" da agricultura como estratégia para o desenvolvimento econômico (capítulo IV). Há muitos exemplos dessa resistência em maior ou menor escala, seja ela heroica ou mundana. A escala heroica é exemplificada no livro de Eric Wolf, *Guerras camponesas no século XX* (1969), com o estudo dos casos do México, da Rússia, da China, do Vietnã, da Argélia e de Cuba, de 1900 à década de 1960.[3] Nas condições de hoje, revela-se na crença de que a globalização neoliberal gerou um contramovimento de "resistência agrária global" (McMichael, 2006).[4]

A escala menor é exemplificada por *Weapons of the Weak* [Armas dos fracos] (1985), de James C. Scott, estudo de uma aldeia da Malásia feito no fim da década de 1970. Provocativo, Scott argumentou que o efeito contínuo e cumulativo das "formas cotidianas de resistência camponesa" dentro de localidades rurais socialmente diferenciadas fazem mais por melhorar as condições de vida dos lavradores camponeses do que os episódios ocasionais e mais amplamente reconhecidos de conflito e rebelião.[5] Mas seria útil substituir a ênfase unilateral nos interesses e na suposta onipotência do capital por uma narrativa igualmente unilateral de resistência em várias escalas, da heroica à mundana?

Na situação colonial, muitas vezes o Estado não estava preparado para assumir a imensa tarefa de expropriar o campesinato, ainda

---

3 A obra inspiradora de Barrington Moore Jr. (1966) comparou o papel das lutas de classe entre proprietários de terras e camponeses na formação do Estado na Inglaterra do século XVII, na França do século XVIII, nos Estados Unidos do século XIX (a Guerra Civil norte-americana e a subsquente abolição da escravatura como "última revolução capitalista") e na China, no Japão e na Índia no século XX (único exemplo colonial).

4 O conceito de "contramovimentos" contra o desenvolvimento capitalista não regulamentado vem da célebre obra de Karl Polanyi (1957).

5 Portanto, Scott (2005) também se mostra cético em relação às pretensões de uma "resistência agrária global" contemporânea; sobre isso, veja o capítulo VIII.

mais no campo densamente povoado, com todas as sublevações e desordens que isso provocaria. Em vez disso, como vimos no capítulo III, foram adotadas medidas que levaram, direta e indiretamente, com ou sem intenção, à mercantilização da subsistência camponesa. Isso foi facilitado pela incorporação ou pela adaptação das hierarquias indígenas – "estruturas de poder mais antigas [pré--coloniais]" (Bagchi, 2009, p.87) – ao seu sistema de administração rural, inclusive de controle da terra: caciques na América Latina, zamindares no norte da Índia, chefes "tribais" na África Subsaariana (Mamdani, 1996). Na Índia e na África, às vezes os Estados coloniais também tentaram promover nas fileiras do campesinato uma "pequena nobreza", uma classe de pequenos lavradores capitalistas.

Muitas vezes o projeto colonial e o seu impacto sobre o campesinato indígena foram configurados e restringidos por suas próprias contradições. Por exemplo, Michael Cowen e Robert Shenton (1991a; 1991b) defendem que o colonialismo britânico na África visava obter progresso econômico sem desorganização social e política. Isso significava apresentar aos poucos os súditos africanos à produção e ao consumo de mercadorias, base material da civilização burguesa, enquanto se mantinha a ordem social por meios "costumeiros": o reforço da "comunidade" rural, da identidade "tribal" e da autoridade patriarcal dos chefes. Do mesmo modo, os africanos não deveriam ter permissão de gozar imediatamente de direitos burgueses, como o título de propriedade privada da terra e o acesso ao crédito bancário. Na opinião de Cowen e Shenton, isso retardou o desenvolvimento mais completo do capitalismo, com o qual os africanos teriam se beneficiado mais.

Finamente, alguns camponeses coloniais abriram por conta própria novas vias de produção especializada de mercadorias. O estudo de Polly Hill (1963) sobre lavradores migrantes de cacau no sul de Gana (citado no capítulo III) dá um exemplo bem conhecido da autotransformação de lavradores de "subsistência" em produtores de mercadorias. Além disso, Hill deixou claro que, com o tempo, os mais bem-sucedidos dentre eles se tornaram lavradores capitalistas. Em termos mais gerais, em vez de serem simplesmente vítimas passivas ou opositores ativos da imposição colonial, muitos camponeses tentaram *negociar* a mudança para a produção de mercadorias (mercantilização da subsistência) que enfrentavam em circunstâncias mais ou menos favoráveis, mobilizando recursos maiores ou menores de terra e mão de obra, com mais ou menos sucesso. O mesmo se aplica a reações à imposição do "desenvolvimento nacional" depois da independência do domínio colonial.

Com a independência política e o período de "desenvolvimentismo", houve estratégias deliberadas para promover o desenvolvimento dos pequenos lavradores na linha da modernização e de mais mercantilização. Algumas políticas nesse sentido foram examinadas no capítulo IV. Aqui, levo em consideração outra política de grande importância (portanto, também ardentemente contestada), mencionada no capítulo V, ou seja, a *reforma agrária* redistributiva. Ela conclui a exposição analítica deste capítulo e o liga ao seguinte.

O caso das reformas agrárias

Desde a Revolução Francesa, no fim do século XVIII, as reformas agrárias marcaram alguns momentos-chave da história moderna. A redistribuição dos direitos de propriedade de terra pôde assumir formas muito diferentes, como:

- confisco de fazendas e propriedades maiores e sua subdivisão entre pequenos lavradores;
- concessão aos pequenos lavradores da propriedade da terra onde já trabalham, para libertá-los da cobrança de arrendamento e da autoridade dos proprietários e para lhes dar uma posse mais garantida;
- nacionalização ou socialização de grandes plantações e lavouras comerciais; e
- descoletivização de comunas e fazendas estatais no antigo bloco soviético, China, Vietnã e Cuba.

As reformas agrárias são sempre processos políticos, ainda que muitas vezes tenham justificativa econômica e sempre consequências socioeconômicas. Os dois primeiros tipos estão associados ao forte lema "terra para quem nela trabalha", que surge em reformas agrárias tanto "de baixo para cima" quanto "de cima para baixo". Nas reformas agrárias de baixo para cima, a ação política camponesa contra a pobreza, a fome, a injustiça social e a opressão tiveram papel importante. Culminaram com intensidade fora do normal de cerca de 1900 até a década de 1970: no México e na Rússia na década de 1910, no leste e no sul da Europa e na China no período entreguerras (continuando na China até as décadas de 1940 e 1950), na Bolívia na década de 1950, no Vietnã e na Argélia nas décadas de 1950 e 1960, no Peru na década de 1960, e em Moçambique e na Nicarágua nas décadas de 1970 e 1980. As lutas contra as grandes propriedades de terras e o seu poder social foram ainda mais intensas quando combinadas à luta anticolonial ou anti-imperialista.

Em certos casos, a reforma agrária de cima para baixo no período do pós-guerra foi uma reação à "ameaça" de sublevação social representada pelas "guerras camponesas" e pela revolução social, como, por exemplo, na Itália, no Japão e na Coreia nas décadas de 1940 e 1950 sob ocupação militar dos Estados Unidos e na Aliança para o Progresso, liderada pelos Estados Unidos na América Latina na década de 1960 após a Revolução Cubana. Em outros casos, as reformas agrárias de cima para baixo foram iniciadas por regimes modernizadores de várias compleições nacionalistas entre as décadas de 1950 e 1970: da Índia independente de Nehru e do Egito de Nasser ao Irã do último xá.

A reforma agrária de cima para baixo desapareceu quase totalmente da pauta política agrícola e desenvolvimentista depois da década de 1970, mas voltou na de 1990, agora reinventada como reforma baseada no mercado com o princípio de *willing seller, willing buyer* (vendedor interessado, comprador interessado).[6] É

---

6 Processo em que o Estado comprava a terra de quem quisesse vender e depois a distribuía entre os que quisessem comprar. (N. T.)

assim que o Fundo Internacional de Desenvolvimento Agrícola da ONU (Fida) explica: "As reformas agrárias anteriores foram indevidamente confiscatórias, estatistas ou de cima para baixo. A 'nova onda' de reforma agrária, que é descentralizada, *favorável ao mercado* e envolve a ação ou o consenso da sociedade civil, às vezes é factível e coerente com direitos de propriedade justos e duráveis" (International Fund for Agricultural Development, 2001, p.75, grifo meu).

A justificativa da reforma agrária de cima para baixo é que, com a posse assegurada da terra e os incentivos corretos, os pequenos lavradores aumentarão a produtividade, ao contrário dos grandes proprietários que deixam a terra ociosa, usam-na para especular ou recebem arrendamentos que não são reinvestidos na produção da lavoura. Assim, a reforma agrária de cima para baixo não visa dividir as lavouras capitalistas que sejam comercialmente bem-sucedidas, já que elas representam a modernização agrícola. Isso foi afirmado por um ex-ministro de Reforma Agrária do governo democrata-cristão de Eduardo Frei, no Chile, na década de 1960:

> Uma certa proporção dos novos beneficiários camponeses [da reforma agrária] provavelmente fracassarão *como empreendedores* [...] Será necessário alertar contra um vínculo institucional demasiado rígido entre os beneficiários e a terra, de modo que mais tarde a *seleção natural* possa ocorrer e *permitir a eliminação dos fracassados.*
> (apud Chonchol, 1970, p.160, grifo meu)

Algumas reformas agrárias "modernizantes" aceleraram o ritmo do desenvolvimento capitalista na lavoura, como recomendava Chonchol (1970), embora em muitos casos as categorias mais pobres da população rural tenham obtido menos terra do que os "camponeses" mais ricos e os lavradores capitalistas embrionários. Foi o caso da Índia, Egito, Irã e boa parte da América Latina, por exemplo, principalmente entre as lavradoras e os trabalhadores agrícolas assalariados, que geralmente têm menos direito à terra. Em sua obra magistral sobre a Índia, escrita na década de 1960, o economista sueco Gunnar Myrdal afirmou que as reformas agrárias realizadas depois da independência "reforçaram a posição política, social e econômica do estrato rural superior, do qual o governo atual depende para ter um apoio fundamental" (Myrdal, 1968, p.1387). Myrdal é citado pelo historiador David Low (1996, p.25), que leva a discussão para o Irã, Egito e boa parte da Ásia e da África.

Conclusão

O que essa visão geral breve e seletiva da reforma agrária acrescenta às questões consideradas neste capítulo?

Em primeiro lugar, dá mais um exemplo de como a dinâmica política pode ser importante na "persistência" da lavoura em pequena escala sob o capitalismo.

Em segundo lugar, deixa claro que a justificativa econômica da reforma agrária de cima para baixo é consolidar os pequenos lavradores como produtores de mercadorias ("empreendedores", para usar o termo de Chonchol) que sejam competitivos e capazes de marcar posição no mercado. Isso se liga a um dos temas principais do próximo capítulo.

Em terceiro lugar, a questão de quem se beneficia dos diversos tipos de reforma agrária também está ligada à questão abordada no capítulo VII sobre formação de classes entre lavradores.

VII
Formação de classes no campo

Os "lavradores familiares" do Sul ("camponeses") constituem uma "classe" social, como muitos afirmam? E, como indicam alguns, essa "classe" também incorpora lavradores familiares do Norte? A base geral desse ponto de vista é que esses lavradores constituem empreendimentos com mão de obra familiar dedicados à sua simples reprodução ("subsistência") e que têm alguns valores e virtudes em comum (observados na Introdução). Os que "tomam o partido dos lavradores familiares" costumam enfatizar o desejo de autonomia desses lavradores: lavrar a terra da maneira que valorizam e que é socialmente equitativa e favorável ao meio ambiente (inclusive com a reconstrução da economia alimentar local); daí a sua resistência à pressão implacável da globalização de hoje sobre a agricultura.[1]

É possível identificar uma classe de forma útil por meio de aspirações ou conjuntos de valores? Na economia política apresentada neste livro, a classe se baseia em relações sociais de produção. Como tal, só pode ser identificada por meio das suas relações com outra classe. Para alguns populistas agrários (capítulo V), os "lavradores familiares" também são considerados uma classe em virtude da sua

---

1 Os lavradores na vanguarda dessa resistência por meio de práticas de lavoura alternativas são chamados de "novos campesinatos" por Van der Ploeg (2008).

relação com o capital, por serem "explorados" de alguma maneira pelo capital. O capítulo VI revelou vários significados possíveis da exploração capitalista da *mão de obra familiar* (distinta da mão de obra assalariada) na lavoura: como força de trabalho que usa os meios de produção de outros ou que se autoexplora de maneira a constituir uma exploração indireta pelo capital ou, ao menos, de modo a beneficiar o capital.[2]

Alguns estudiosos veem os lavradores familiares do Sul como classe historicamente explorada pelo capital e pelo Estado e fundamental para a acumulação durante os períodos de colonialismo e desenvolvimentismo (capítulo IV), mas que hoje está submetida à *expropriação*, ou "descamponização global", nas palavras de Araghi (capítulo V). A expropriação ou marginalização faz com que haja um número cada vez menor de pequenos lavradores disponíveis para a "exploração", presumivelmente porque o capital (ou a agricultura capitalista) não precisa mais deles.

Neste capítulo, verifico se é plausível que os lavradores familiares constituam uma única "classe" explorada ou se também se diferenciam em classes. Faço isso primeiro em termos das relações e dinâmicas da *mercantilização*, da *pequena produção de mercadorias* e da *diferenciação* e depois em termos das *classes de trabalho* no capitalismo. Todos esses conceitos já foram mencionados no texto e aqui são reunidos e melhor examinados, numa sequência que acrescenta mais complexidade a cada passo. Apresento mais "determinações" para examinar teoricamente as fontes e formas dessa complexidade no mundo real.

---

2 Uma afirmativa diferente, ainda que geralmente ligada a essa, é que o "povo da terra", o que envolve todos os "pequenos" lavradores de toda parte, pode se tornar uma classe ou adquirir características de classe quando se une em torno de um projeto político comum. Isso é examinado no próximo capítulo.

A dinâmica de classe da "lavoura familiar"

Mercantilização

A mercantilização é o processo pelo qual os elementos de produção e reprodução social são produzidos para troca no mercado e nele obtidos e que os sujeita às suas disciplinas e compulsões. No capitalismo, esse processo tem como premissa o surgimento histórico e a formação de uma relação social fundamental entre o capital e o trabalho assalariado. A tendência central do capitalismo à produção generalizada de mercadorias não significa que todos os elementos da existência social sejam abrangente e necessariamente mercantilizados. Na verdade, significa a mercantilização da subsistência: a *reprodução não pode ocorrer fora das relações mercantis* e das disciplinas que estas impõem (a "compulsão surda das forças econômicas" de Marx).

É claro que os processos de mercantilização da lavoura em pequena escala apresentam enorme variação. Embora para Marx – e para muitos outros, como Karl Polanyi (1957) – o cercamento de terras, com a sua conversão em propriedade privada, tenha sido o momento decisivo da acumulação primitiva na Inglaterra (capítulo II), pode haver outras sequências de mercantilização dos elementos de produção e reprodução. Por exemplo, um tipo de sequência colonial foi a mercantilização primeiro das safras – em geral, como resultado da "comercialização forçada", para começar –, depois de alguns meios de consumo, depois de ferramentas e outros instrumentos de trabalho, depois do próprio trabalho (como a mercadoria "força de trabalho") e só então, afinal, a terra (o objeto do trabalho). O direito juridicamente constituído e imposto da propriedade privada da terra ainda não se estabeleceu efetivamente e sofre resistência e contestação em algumas zonas rurais do Sul. Entretanto, isso não é barreira para o desenvolvimento de relações mercantis na lavoura, como indicam os "mercados populares" de terra, isto é, terra tratada como propriedade privada na prática (*de facto*), ainda que não na lei (*de jure*). Na verdade, é comum encontrar mercados populares de terra bem movimentados em áreas com dinamismo da pequena produção – e não tão pequena – de mercadorias agrícolas (Chimhowu; Woodhouse, 2006).

Pequena produção de mercadorias

A pequena produção de mercadorias no capitalismo combina as "posições" ["*places*"] ou localizações [*locations*] das classes tanto no capital quanto no trabalho: na lavoura, o capital sob a forma de terra, ferramentas, sementes, fertilizantes e outros produtos químicos e o trabalho sob a forma de famílias. É uma "unidade contraditória" de posições de classe por várias razões. Em primeiro lugar, essas posições de classe não se distribuem regularmente dentro das famílias lavradoras, principalmente com a divisão sexual de propriedade, trabalho, renda e gastos, como indicado pela cena tanzaniana da Introdução. Em segundo lugar, há uma contradição entre reproduzir os meios de produção (capital) e reproduzir o produtor (trabalho). Nos termos usados no capítulo I, isso diz respeito à distribuição de renda (inclusive por empréstimos) entre, de um lado, o fundo de substituição e o fundo de arrendamento e, de outro, os fundos de consumo e reprodução geracional – distribuição, em geral, fortemente marcada pela divisão sexual. Em terceiro lugar, a combinação contraditória de posições de classe é fonte de diferenciação de pequenos empreendimentos de mercadorias, que examinarei logo a seguir.

Essa abordagem contrasta com o pressuposto enganoso, e hoje menos comum do que no passado, de que os pequenos lavradores do Sul são cultivadores de "subsistência" cujo objetivo primário é suprir a sua necessidade alimentar com lavoura própria. Além de assegurar esse objetivo, todo envolvimento com o mercado é considerado discricionário, questão de escolha – o que chamo de modelo "mais-subsistência". Afirmo que, assim que se integram às relações mercantis capitalistas, as famílias lavradoras se submetem à dinâmica e às compulsões da mercantilização, que são *internalizadas* nas suas relações e práticas. Quando só lavram para consumo próprio é porque estão integradas às relações mercantis de outra maneira, geralmente pela venda da força de trabalho. Nesse caso, é comum que a produção de "subsistência" seja financiada pelos salários, também usados para comprar alimentos quando a lavoura por conta própria é inadequada para suprir as necessidades da família, seja com regularidade, seja nos anos de má colheita. De fato, isso vira a "mais-subsistência" de cabeça para baixo: a maneira como os "pequenos lavradores" se integram às relações mercantis configura até que ponto conseguem satisfazer a sua necessidade de alimentação com produção própria.

Diferenciação de classes

No capítulo III, afirmei que, no fim do período colonial, a partir da década de 1940 na Ásia e do fim da década de 1950 na África e mais cedo na América Latina, os pequenos lavradores ou camponeses foram "trancados" na produção de mercadorias pela "compulsão surda das forças econômicas": a mercantilização da sua subsistência. Depois que isso acontece, há uma tendência de diferenciação em classes que Lênin (1964a) chamou de camponeses ricos, médios e pobres:

- os capazes de acumular patrimônio produtivo e se reproduzir como capital em escala maior, dedicando-se à *reprodução ampliada*, são lavradores capitalistas em surgimento, correspondentes aos "camponeses ricos" de Lênin.
- os capazes de se reproduzir como capital na mesma escala de produção e como mão de obra na mesma escala de consumo (e em termos geracionais) – o que Marx chamou de *reprodução simples* – são os lavradores médios, correspondentes aos "camponeses médios" de Lênin; e
- os que têm dificuldade para se reproduzir como capital e, portanto, têm dificuldade para se reproduzir como mão de obra a partir da lavoura própria e estão sujeitos ao que chamo

de *aperto da reprodução simples* são os lavradores pobres, correspondentes aos "camponeses pobres" de Lênin.

Os lavradores capitalistas em surgimento tendem a empregar mão de obra assalariada além ou em vez da mão de obra familiar. Os lavradores pobres vivenciam de forma mais aguda a contradição de se reproduzir tanto como mão de obra quanto como capital e podem reduzir o consumo a níveis extremados para manter a posse de um pequeno pedaço de terra ou de uma vaca, para comprar sementes ou pagar dívidas. Como explica Tchaianov (1991, p.40): "No decorrer da luta mais feroz pela existência, o [...] [pequeno lavrador] que sabe o que é fome é o mais bem adaptado".

Os lavradores médios, principalmente os pequenos produtores de mercadorias relativamente estáveis, têm interesse especial, ainda mais por serem caros ao coração do populismo agrário (capítulo VI) e, na verdade, ao ideal de "lavrador nobre" de alguns governos coloniais. Às vezes isso reflete o pressuposto de que a condição de "camponês médio" era a norma das comunidades rurais antes do capitalismo, vistas, de forma bastante romântica, como intrinsecamente igualitárias. Em consequência, o surgimento de camponeses pobres e ricos é considerado um desvio desafortunado, um tipo de queda em desgraça causada por forças malévolas exteriores às comunidades camponesas.

O esquema teórico aqui proposto recomenda uma visão diferente: os lavradores médios também são produzidos pela diferenciação de classes. Os processos de mercantilização elevam o custo de "entrada" (capítulo VI), o de reprodução do capital na lavoura e o risco associado a esse custo mais alto e aumentam a competição pela terra e/ou pela mão de obra para trabalhá-la. Portanto, até os lavradores familiares "médios" criam as suas empresas mercantis às custas de lavradores vizinhos mais pobres, incapazes de cobrir esse custo ou de correr esse risco e que perdem para os que podem. É provável que sejam forçados a abandonar a lavoura ou que, se conseguirem crédito, se tornem extremamente endividados e caiam na lavoura marginal (definida na Introdução).

A Revolução Verde da Índia dá uma pista desse aspecto de diferenciação. A promessa era que o pacote bioquímico de insumos aprimorados seria "neutro em termos de escala", ou seja, poderia ser adotado com benefícios por lavouras de todo tamanho – ao contrário da mecanização, por exemplo, que exige uma economia de escala mínima. No entanto, "neutro em termos de escala", que é atributo de uma dada tecnologia, não é a mesma coisa que "neutro em termos de recursos", atributo social ligado à pergunta "quem possui o quê?" e que exige perguntar sobre a diferenciação e os seus efeitos. Como John Harriss (1987, p.321) explicou em relação à adoção do pacote da Revolução Verde na Índia: "Aqui, o ponto crucial é que os que dispõem de mais recursos estão em posição muito melhor para aceitar os riscos associados a essa tecnologia mais intensiva em termos de dinheiro".[3]

Os lavradores marginais, ou os "pobres demais para lavrar", não deixam necessariamente de ter acesso à terra, mas lhes falta um ou mais dos seguintes fatores para que consigam se reproduzir com lavoura própria:

- terra suficiente, de qualidade suficientemente boa;
- capacidade de comprar outros meios de produção necessários, como ferramentas e sementes; e
- capacidade de obter mão de obra adequada, geralmente como efeito das relações entre os gêneros que impedem as lavradoras de comandar o trabalho dos homens.

A diferenciação de classes entre os lavradores como pequenos produtores de mercadorias também envolve outros fatores e complexidades. Por exemplo, o mercado de trabalho rural é condição importantíssima da pequena produção de mercadorias na lavoura, por mais comum que seja negligenciar o emprego de mão de obra assalariada até mesmo por "pequenos" lavradores. No contexto

---

3 Em geral, também estavam em melhores condições de obter com mais facilidade ou em termos melhores os pacotes de sementes VAP.

europeu contemporâneo, por exemplo, Toby Shelley (2007, p.1) observa: "A França se orgulha da sua agricultura camponesa autossuficiente, mas sem os trabalhadores rurais marroquinos muitos lavradores passariam por dificuldades".[4] E, num excelente estudo sobre a Costa Rica rural da década de 1980, Marc Edelman (1999, p.122-3, 167) se refere à contratação "camponesa" de trabalhadores (ou *peons* – peões) e relata que os pequenos lavradores se queixavam da falta de dinheiro para contratar *peons*, embora não diga quem eram esses *peons* nem de onde vinham na estrutura rural de classes.

Outro tema ou hipótese geral de alcance ainda mais amplo é que, cada vez mais, as práticas, destinos e perspectivas dos lavradores se configuram pela sua atividade fora da lavoura e pela renda que essa atividade gera para o fundo de consumo (reprodução como trabalho) e o fundo de investimento (reprodução como capital). Frank Ellis (1998, p.10) observa: "As fontes de renda fora da lavoura são, sem dúvida alguma, importantíssimas para descrever o padrão de vida das famílias de lavradores dos países em desenvolvimento". Essa "diversificação do meio de vida" rural está ligada à tendência à diferenciação de classes, que pode se intensificar ou ser impedida de acordo com as circunstâncias.

Os lavradores capitalistas emergentes costumam investir em atividades de apoio à lavoura, como comércio e processamento da safra, comércio varejista e transporte rural, adiantamento de crédito, aluguel de animais de tração e venda de água para irrigação. Também investem em atividades urbanas, formação dos filhos, bons casamentos para as filhas, alianças com autoridades do governo e em processos e influência política em termos mais gerais. Em resumo, dedicam-se à "diversificação para a acumulação" (Hart, 1994).

A lavoura em média escala costuma basear-se na combinação da lavoura com atividades fora da lavoura, inclusive a migração de mão de obra, como fonte de renda para ajudar a reproduzir a produção da

---

4 "Agricultura camponesa autossuficiente" talvez pareça uma descrição estranha da lavoura na França de hoje. Na verdade, Shelley se refere a um mito nacional e populista específico, no qual a mão de obra contratada, principalmente quando imigrante, some de vista.

lavoura, principalmente quando o custo de reprodução está subindo. Como observado, ela também se baseia na capacidade de contratar mão de obra assalariada, constituída por trabalhadores sem terra ou lavradores marginais, muitas vezes migrantes. A mão de obra assalariada pode ser contratada para substituir a mão de obra familiar empregada em atividades fora da lavoura ou para aumentá-la em momentos de pico de demanda no calendário da lavoura, como na limpeza de ervas daninhas e na colheita.

Os lavradores pobres ou marginais dedicam-se a atividades de "sobrevivência" para se reproduzir, primariamente pela venda da força de trabalho. Isso é reconhecido, embora com atraso, por entidades como o Fida e o Banco Mundial. O *Rural Poverty Report 2001* [Relatório de pobreza rural de 2001] do Fida observa que os pobres rurais "vivem principalmente da venda da sua força de trabalho" (2001, p.230). A Tabela 7.1, a seguir, é adaptada do *World Development Report 2008* [Relatório do desenvolvimento mundial de 2008] (Banco Mundial, 2007, p.205).

A tabela indica que a lavoura por conta própria é a atividade econômica primária de mais da metade da população rural na África Subsaariana. No entanto, já se defendeu a existência de uma forte tendência de "desagrarização" ou "descamponização" (Bryceson, 1999) na África Subsaariana, visível na proporção crescente da renda rural advinda de fontes fora da lavoura. Além disso, a crise econômica abrangente que atingiu a maior parte da África Subsaariana nas última décadas provoca pressão adicional sobre a reprodução por meio da antiga combinação de lavoura e migração de mão de obra, de "enxada e salário", nas palavras de Cordell et al. (1996). Isso porque as oportunidades de emprego urbano (inclusive o emprego "informal" e o trabalho autônomo) capazes de oferecer fontes de apoio à lavoura no campo declinaram, ao mesmo tempo que aumentou a pressão sobre a maioria das famílias lavradoras, em grande parte em consequência da globalização neoliberal (capítulo V).

Tabela 7.1 – Participação da população rural adulta cuja atividade econômica primária é a lavoura por conta própria (%)

Região	Homens	Mulheres
África Subsaariana	56,6	53,5
Sul da Ásia	33,1	12,7
Ásia Oriental e orla do Pacífico (fora a China)	46,8	38,4
Oriente Médio e Norte da África	24,6	38,6
Europa e Ásia Central	8,5	6,9
América Latina e Antilhas	38,4	22,8

Outro fator que complica a formação de classes é que as condições precárias da lavoura em pequena escala no Sul exercem pressão sobre a reprodução das famílias lavradoras. Os lavradores médios costumam ser empurrados para as fileiras dos lavradores pobres por causa da vulnerabilidade a "choques" como secas, inundações e deterioração dos termos de troca entre o que precisam comprar e o que conseguem vender – expressão típica do "aperto da reprodução simples". Quando ganham menos com a sua lavoura, conseguem comprar menos "insumos" e menos comida e força de trabalho. Isso pode ocorrer devido à redução da safra – causada por clima desfavorável, doenças da plantação, infestação de pragas, adubo insuficiente ou escassez de mão de obra –, à redução do preços das mercadorias que vendem ou à necessidade de pagar dívidas. A precariedade também se registra na vulnerabilidade de famílias *individuais* a "choques" como a doença ou morte de um familiar importante[5] ou de um animal de tração valioso, o que pode significar o cruzamento do patamar entre "superar" e "afundar".

---

5 Ainda mais com a pandemia do vírus HIV (aids), que aumenta os riscos para a saúde da vida rural no Sul, principalmente em certas regiões da África.

Variações da diferenciação

Assim como, em meados do século XX, ficaram "trancados" nas relações mercantis, os pequenos lavradores do Sul também se diferenciaram de forma generalizada, ainda que desigual, em termos de classe. A extensão da diferenciação pode ter sido inibida pela destruição causada pelo colonialismo em algumas regiões, como efeito, por exemplo, do "parasitismo dos senhores de terras" da Índia colonial (capítulo III) ou onde agiotas e mercadores exerceram forte controle sobre a economia rural. Mas a diferenciação, em maior ou menor escala, surgiu de processos de mercantilização e, às vezes, foi promovida por políticas agrícolas coloniais. Low (1996), citado no capítulo VI, afirmou que na Ásia e na África, na época da independência do domínio colonial, as classes localmente arraigadas de lavradores mais ricos eram a força social dominante no campo – e com um alcance que ia além do campo.

Como os padrões de mercantilização da lavoura em pequena escala, os padrões de diferenciação também apresentam enorme variação. A *tendência* à diferenciação que se consegue identificar teoricamente na unidade contraditória de posições de classe na pequena produção de mercadorias não é – nem pode ser – evidente em *inclinações*, mecanismos, ritmos ou formas de diferenciação de classe idênticos por toda parte. Isso porque "muitas determinações" (Marx) fazem a mediação entre a tendência e as circunstâncias concretas específicas e a dinâmica local. Indiquei algumas dessas determinações, que podem parecer paradoxais, como, por exemplo, a centralidade da renda vinda de fora da lavoura e a contratação de mão de obra assalariada para a reprodução de lavradores de média escala, o que perturba a imagem idealizada de lavrador familiar "independente", "camponês médio" ou lavrador nobre e robusto. Do mesmo modo, a venda da força de trabalho pelos pobres pode ajudar alguns deles a se agarrar a um pedaço de terra, mesmo que marginal. Para isso, é comum fazerem sacrifícios consideráveis, porque aquela terra representa um elemento de segurança e, talvez, de esperança na "luta econômica pela existência" (Tchaianov) que travam, além de ser um marcador de identidade e valor cultural.

De acordo com as circunstâncias, também pode haver limites à expansão da lavoura dos lavradores mais ricos. Harriss (1987) estudou uma aldeia do sudeste da Índia na qual as famílias lavravam uma média de 1,2 hectares de amendoim e arroz irrigado. Entre as famílias havia desigualdade, que, nessa área densamente povoada e intensamente cultivada, não aumentava em termos da distribuição de terras e da escala de lavoura por causa da resistência à compra de mais terra pelos lavradores mais ricos e da prática de dividir entre os filhos a terra herdada da família. Os lavradores mais ricos diversificaram as atividades com o comércio de arroz, mais factível e lucrativo do que aumentar a escala da lavoura.

Por sua vez, nas condições muito diferentes do norte de Uganda na década de 1980, o capitalista local de uma aldeia disse a Mahmood Mamdani (1987, p.208): "O que nos ajudou [a acumular] foi a fome de 1980. Todos estavam famintos e nos venderam tudo barato [inclusive terra e gado]. Foi aí que realmente começamos a comprar". Como sempre acontece no capitalismo, a crise de alguns dá oportunidade a outros, dinâmica que permeia os contornos geralmente intrincados e fluidos da formação de classes no campo.

Classes de trabalho

Teodor Shanin (1986, p.19), ao examinar o legado de Tchaianov uns sessenta anos depois da publicação das suas principais obras, observou: "A sociedade e os problemas rurais não são mais explicáveis em seus próprios termos e têm de ser compreendidos em termos dos fluxos de trabalho e capital mais amplos do que a agricultura". Uma dimensão disso, relativa ao capital, é o que podemos chamar de *agricultura além da lavoura*. O capítulo IV examinou as distinções entre a lavoura e o "setor agrícola" no capitalismo moderno em termos políticos e econômicos. O setor agrícola pode incluir "capital agrário além do campo", isto é, investimento em terras e lavouras pelas empresas urbanas (inclusive por políticos, funcionários públicos, oficiais militares e profissionais liberais ricos), além do capital agroalimentar empresarial.

A visão geral da mercantilização que descrevemos, a base de classe da pequena produção de mercadorias e a diferenciação das classes de lavradores "familiares" dá destaque a outra dimensão, a do trabalho. Podemos chamá-la de *trabalho rural além da lavoura*, composto não só de trabalhadores rurais totalmente "proletarizados" e sem terras, portanto incapazes de lavourar por conta própria, mas também por lavradores marginais ou aqueles demasiado pobres para ter a lavoura como componente principal do seu meio de vida e da sua reprodução. Ambas as categorias de mão de obra, que tipicamente têm fronteiras sociais fluidas, podem ser empregadas localmente na lavoura dos vizinhos (produtores capitalistas e pequenos produtores de mercadorias) ou sazonalmente em regiões mais distantes de lavoura capitalista e pequena e bem estabelecida produção de mercadorias, seja em outros pontos do seu próprio país, seja em outros países. A "mão de obra nômade" – *footloose labour*, na expressão de Jan Breman (1996) – é um fato bastante substancial da vida social das zonas rurais do Sul de hoje e revela como o seu tipo de lavoura se diferencia pela dinâmica de classes.

O que chamo aqui de "classes de trabalho" compreende "o número crescente [...] [dos] que hoje dependem, direta *e indiretamente*, da venda da força de trabalho para a própria reprodução cotidiana" (Panitch; Leys, 2001, p.ix, grifo meu). Eles têm de buscar a reprodução em condições de insegurança crescente de renda e "pauperização", além de insegurança de emprego e a pressão descendente exercida pela erosão neoliberal da provisão social para os que têm emprego assalariado "padrão", que vêm se reduzindo como proporção das classes de trabalho na maioria das regiões do Sul e, em alguns casos, também em termos absolutos.[6] As pressões sobre a reprodução têm consequências ainda mais graves para o número crescente daqueles que Mike Davis (2006, p.178) chama de "classe

---

6 E cujo salário costuma sustentar redes de parentesco urbanas e rurais maiores.

trabalhadora informal global", que "tem quase um bilhão de pessoas, constituindo a classe social de crescimento mais rápido e mais sem precedentes da Terra".

Davis se refere aos trabalhadores urbanos, mas também vale ponderar se os lavradores pobres do Sul fazem parte da "classe trabalhadora informal global". Podem não ser expropriados de *todos* os meios de se reproduzir, recordando o alerta de Lênin (1964a, p.181) contra "o entendimento por demais estereotipado da proposição teórica de que o capitalismo exige o trabalhador livre e sem terras". Mas a maioria deles também não possui meios *suficientes* para se reproduzir, o que marca o limite da sua viabilidade como pequenos produtores de mercadorias.

Os trabalhadores pobres do Sul têm de buscar a sua reprodução por meio do emprego assalariado inseguro, opressor e, em geral, cada vez mais escasso e/ou com uma variedade de atividades de sobrevivência igualmente precárias, de pequena escala e na "economia informal", como a lavoura marginal. De fato, o meio de vida é buscado por meio de *combinações* complexas de emprego assalariado e trabalho autônomo.[7] Além disso, muitos buscam meios de reprodução em locais diferentes da divisão social do trabalho: urbano e rural, agrícola e não agrícola, emprego assalariado e trabalho autônomo marginal. Os locais e identidades sociais que o trabalhador pobre combina e habita e entre os quais se move criam fronteiras ainda mais fluidas e questionam pressupostos herdados de noções fixas e uniformes de "trabalhador", "lavrador", "pequeno comerciante", "urbano", "rural", "empregado" e "autônomo".

O relativo sucesso ou fracasso no mercado de trabalho, no emprego assalariado e em outras atividades costuma ser o segredo da viabilidade (reprodução) da pequena produção de mercadorias agrícolas, mas não se distribui igualmente entre os que lavouram ou que têm interesse na lavoura e no acesso à terra. Por sua vez, isso causa

---

7 Os conceitos de "trabalho autônomo" são extremamente problemáticos e costumam ser aplicados de forma enganosa aos "trabalhadores assalariados mal disfarçados" (Harriss-White; Gooptu, 2000, p.96).

efeitos sobre aqueles das classes de trabalho que combinam trabalho autônomo na lavoura e em outros ramos da "economia informal" com trabalho assalariado. Como lavradores em pequena escala além de trabalhadores fora da lavoura, eles habitam um mundo social de "incansável microcapitalismo" (Davis, 2006, p.181).

Conclusão

Com propósitos analíticos, às vezes é útil pensar sobre o capital em geral, e muitas vezes uso a palavra "capital" dessa maneira abstrata, ao me referir, por exemplo, aos interesses ou à dinâmica do capital. No entanto, pode-se distinguir o capital por:

- *atividades e setores:* agrícola e industrial, financeiro e comercial;
- *escala:* de famílias e "pequenas empresas", inclusive dos pequenos produtores de mercadorias na lavoura a grandes empresas globais; e
- *classes de capital:* identificadas por interesses e estratégias do capital em atividades e setores específicos e em escalas que variam de local a regional, de nacional a multinacional.

Este capítulo ilustrou e buscou explicar melhor a diversidade concreta de classes de capital, assim como de classes de trabalho, nos campos do Sul, e como essa diversidade é configurada por fatores ("determinações") além do campo, além da lavoura e além da agricultura. Indicou-se uma variedade de formas e classes de capital, desde o agronegócio empresarial até os "camponeses ricos" ou capitalistas de aldeia, que compram a terra e a criação dos vizinhos empobrecidos ou que diversificam as atividades com o comércio de safras. Diante de tamanha diversidade e das contradições e lutas que a produzem, é difícil adotar alguma noção dos lavradores – quer descritos como "camponeses", quer como "lavradores familiares" ou "pequenos lavradores" – como classe única e, além disso, constituídos como classe por meio de alguma relação social em comum com o capital. No último capítulo, levo adiante algumas ideias aqui discutidas para examinar complexidades adicionais relativas a práticas e processos políticos – a sociologia política de classe.

VIII
COMPLEXIDADES DE CLASSE

Sociologia econômica e sociologia política

As complexidades analíticas e as variações concretas destacadas no capítulo VII podem ser consideradas aspectos da "sociologia econômica" de classe. Entre elas, em escalas diferentes, temos formas de produção e regimes de trabalho, divisões sociais de trabalho, migração da mão de obra, divisões e ligações rurais-urbanas, formas de organização de capital e mercados e as políticas e práticas estatais com os seus efeitos. Já se sugeriu que os pequenos lavradores e as classes de mão de obra se cruzam e são extremamente heterogêneos na composição e nas características, principalmente por causa das maneiras extremamente variadas em que o "trabalho autônomo" e o emprego assalariado podem se combinar. Para parafrasear Lênin (1964a, p.33), são possíveis combinações infinitamente diversificadas de elementos desse ou daquele tipo de trabalho.

Por trás dessa heterogeneidade está o aspecto de complexidade mais difundido, até agora apenas insinuado. Como explica o filósofo Etienne Balibar, no mundo capitalista, as relações de classe são *"uma estrutura determinante que abrange todas as práticas sociais sem ser a única"* (apud Therborn, 2007, p.88). Em suma, as relações de classe são "determinações" *universais mas não exclusivas* das práticas sociais no capitalismo. Elas se cruzam e se combinam com outras diferenças e divisões sociais, das quais a diferença entre os gêneros sexuais é a mais disseminada e que também pode incluir relações opressivas e excludentes entre raças e etnias, religiões e castas.

Essas diferenças e divisões sociais não se originam necessariamente no capitalismo nem são necessariamente explicáveis pelo "interesse do capital". Há uma diferença importante entre pensar que tudo o que existe no mundo do capitalismo está ali porque serve aos interesses do capital (uma explicação "funcionalista") e examinar como o que existe se produz como efeito da dinâmica contraditória das relações sociais capitalistas, inclusive o modo como estas reconfiguram práticas e crenças que antecedem o capitalismo. A dinâmica contraditória das relações sociais capitalistas também traz, de um lado, as consequências não intencionais de vias específicas de acumulação e estratégias de domínio político pelas classes do capital e, por outro, da busca de reprodução das classes do trabalho e dos desafios dos "contramovimentos" ao domínio do capital.

Avançar da sociologia econômica de relações e dinâmicas de classe para temas de identidade e consciência de classe e daí para a análise da prática política coletiva envolve uma série de outros fatores e determinações que afetam a agência política. Primeiro, é importante enfatizar que o poder social e econômico do capital, enraizado num sistema de propriedade e relações mercantis, tem de ser garantido por meio do domínio político e ideológico, exercido – também de forma universal, mas não exclusiva – por meio do Estado. Não devemos pressupor que o domínio do capital aconteça por meio de alguma simples unidade e instrumentalidade de propósitos nem que seja necessariamente coerente no modo de justificar-se como ordem moral no âmbito ideológico ou nas suas estratégias e práticas políticas. Não há garantia de unidade, coerência nem eficácia no modo como as classes do capital percebem, preveem, avaliam, enfrentam e tentam conter as contradições sociais do capitalismo em busca de lucro e acumulação e para garantir legitimidade (ou pelo menos aquiescência) para o modo como o fazem.

Em segundo lugar, uma questão fundamental da sociologia política das classes (fragmentadas) de trabalho está na observação de Mahmood Mamdani (1996, p.219) de que a "tradução" dos "fatos sociais" em "fatos políticos" é sempre contingente e imprevisível. Isso é ainda mais verdadeiro por causa das "muitas maneiras pelas quais o poder fragmenta as *circunstâncias* e as *vivências* dos oprimidos" (Mamdani, 1996, p.219, 272, grifos meus). A grande variação das *circunstâncias* foi enfatizada pela discussão do capítulo VII sobre os padrões de mercantilização e formação de classes no campo e da heterogeneidade das classes do trabalho: complexidades da sociologia econômica de classe. Para a sociologia política de classe, o próximo passo fundamental é como essas circunstâncias são *vivenciadas*, como indica Mamdani. Existencialmente, elas não são vivenciadas de forma autoevidente e exclusiva como exploração e opressão de classe *em geral*, mas em termos de identidades específicas como "moradores rurais/urbanos, operários industriais/trabalhadores agrícolas, artesãos urbanos/camponeses, homens/mulheres, trabalho intelectual/manual, jovem/velho, negro/branco, diferenças regionais, nacionais e étnicas e assim por diante", na lista de exemplos dados por Peter Gibbon e Michael Neocosmos (1985, p.190). Além disso, é comum que capitais específicos aproveitem diferenças relacionais – de gênero, de geração, de lugar (cidade e campo) e até de etnia e nacionalidade – no modo de recrutar e organizar a mão de obra na produção e de lidar com a resistência das classes do trabalho.

Barbara Harris-White e Nandini Gooptu (2000, p.89) reafirmam da seguinte maneira uma questão central da sociologia política de classe: a "luta no interior da classe" precede e é condição da "luta entre classes". Ao "mapear o mundo da mão de obra não organizada da Índia", examinam como as lutas "no interior da classe" dos pobres trabalhadores são refletidas e restringidas por diferenças e divisões de gênero, casta, religião e outras, e as autoras concluem que a imensa maioria das classes de trabalho indianas "ainda está envolvida na primeira luta" no interior da classe, enquanto as classes indianas de capital estão envolvidas na segunda luta por meio de ofensivas contra a mão de obra – argumento que, naturalmente, se pode aplicar e testar em outros lugares.

Lutas de classe no campo

Não há dúvida de que os campos do Sul estão impregnados de lutas que manifestam a agência política e o confronto de vários atores, do agronegócio às classes locais e nacionais de propriedade de terras e capital agrário e às diferentes classes de "pequenos" lavradores e classes fragmentadas de mão de obra. Todas essas lutas são configuradas de forma universal mas não exclusiva pela dinâmica de classe, que se combina de maneira complexa com fontes e vivências estruturais de outras contradições sociais. Isso se aplica a diversas escalas e diferentes formatos de agência, que agora ilustro rapidamente.

Em termos de "escala", o capítulo VI observou a ideia de "formas cotidianas de resistência" em ambientes locais, como o da aldeia. Ben Kerkvliet (2009, p.233) enfatiza a pertinência constante da abordagem de James Scott, segundo a qual "a vida cotidiana é cheia de lutas de classe que só às vezes explodem às claras". No entanto, essa "luta de classes" cotidiana costuma se combinar e ser vivenciada como opressão também enraizada em outras formas de hierarquia. Por exemplo, uma das críticas ao livro de Scott, *Weapons of the Weak*, é ser "cego aos sexos" e ignorar as dinâmicas e efeitos das relações desiguais entre os gêneros e a agência de lavradoras e trabalhadoras rurais (Hart, 1991).

Além das "formas cotidianas de resistência", lutas mais intensas e declaradas, às vezes em escala regional maior, são características de conflitos generalizados pela terra na África Subsaariana. A antropóloga Pauline Peters sumariza a sua dinâmica de classe e a que não é de classe e indica, ao mesmo tempo, como esta última se liga à primeira:

> A competição pela terra para propósitos diferentes se intensifica devido à população crescente e ao movimento cada vez maior de

indivíduos em busca de terra melhor/maior ou para fugir de distúrbios civis; os grupos rurais buscam intensificar a produção de mercadorias e alimentos enquanto integrantes empobrecidos de um proletariado diminuído procuram terra pra melhorar as opções de renda e alimentação; Estados demarcam florestas e outras reservas e identificam áreas merecedoras de conservação (muitas vezes sob pressão de doadores e grupos lobistas internacionais); representantes do Estado e das elites políticas se apropriam da terra por meios que variam do questionável ao ilegal; e recursos valiosos sobre e sob a terra (madeira, petróleo, ouro e outros minerais) atraem a exploração intensificada por agentes que variam dos mais locais (jovens desempregados ou antigos lavradores que buscam meios de conseguir dinheiro) a redes transnacionais (de empresas multinacionais, governos estrangeiros e representantes de Estados africanos) [...] [Há] não só a intensificação da competição pela terra como o aprofundamento da diferenciação social, e, embora assuma muitas formas – como jovens contra velhos, homens contra mulheres, confrontos étnicos e religiosos –, essa diferenciação também revela novas divisões sociais que, em suma, podem ser consideradas formação de classes [...] A proliferação de tensões e lutas entre gerações e gêneros ou entre grupos rotulados por região, etnia e religião está intimamente ligada à dinâmica de divisão e exclusão, aliança e inclusão que constitui a formação de classes. (2004, p.279, 291, 305)

É impressionante que as guerras mais cruéis da África Subsaariana contemporânea, em geral retratadas pelos meios de comunicação internacionais como casos de "tribalismo" e "barbarismo" africanos intrínsecos, têm longas histórias de pressão e conflitos pela terra. Esses conflitos são refletidos pelo legado da administração territorial e política colonial, configurado por padrões de mercantilização e intensificado pela exploração dos recursos naturais, pela mudança climática e pela intervenção seletiva de atores políticos internacionais – por exemplo, em Ruanda e no leste do Congo (Pottier, 2002), em Serra Leoa e Costa do Marfim (Chauveau; Richards, 2008) e em Darfur (Mamdani, 2009). *São* lutas "entre grupos rotulados por região, etnia ou religião", mas *também* lutas com dinâmica de classe própria, ainda que de "maneira invisível e não articulada" (Peters, 1994, p.210).

Outros casos de lutas em geral localizadas têm um "formato" de classe mais evidente, principalmente no que diz respeito a recrutamento, controle e pagamento da mão de obra assalariada. Um exemplo são as lutas entre trabalhadores e patrões nas grandes plantações e propriedades capitalistas. Outro caso são as áreas de vibrante "capitalismo camponês" na Índia, marcadas pelo conflito declarado entre os lavradores ricos/médios e os seus trabalhadores, muitas vezes sujeitos a violência sistemática (Banaji, 1990). Ambos os tipos de luta de classes no meio rural podem ser muito ferozes quando a dinâmica de classes se combina a outras diferenças sociais que a intensificam – divisões de casta e gênero no campo indiano, e de etnia no recrutamento de mão de obra, muitas vezes estratégia deliberada nos regimes de trabalho das grandes plantações.

"O povo da terra"

Para concluir, examino questões dos movimentos agrários organizados de hoje – em escala regional, nacional e até transnacional –, com referência específica ao seu "formato" em termos de classe e outros aspectos. Serão os movimentos agrários organizados de hoje serão descendentes dos grandes movimentos camponeses do passado (capítulo VI), pelo menos em termos de escala e importância, ainda que não nas circunstâncias e métodos, nem talvez nas metas? As "guerras camponesas do século XX" de Eric Wolf eram voltadas contra *anciens regimes* de procedência "feudal", como na Rússia e na China, e de procedência colonial, como no México, no Vietnã, na Argélia e em Cuba – todos submetidos a mudanças generalizadas, ainda que desiguais, ao serem incorporados à economia mundial capitalista (capítulo III). Esses movimentos camponeses mobilizaram-se em torno de questões de terra, arrendamento, tributos, pauperização, opressão e injustiça social extremas, muitas vezes em condições de sublevação social generalizada e guerra. Em geral, fizeram parte de movimentos mais amplos de libertação nacional e revolução social e foram todos realizados por meio de guerrilhas e outras formas de guerra. Também tiveram especificidades históricas e locais marcantes e podiam ser heterogêneos na composição de classe; por exemplo, um elemento distintivo e muito debatido da interpretação de Wolf é a ênfase no papel estratégico dos "camponeses médios" nesses movimentos.

No mundo da globalização neoliberal de hoje, há novos tipos de movimentos agrários que, de acordo com quem os defende, aspiram abranger todos os "pequenos" lavradores – ou todos os "lavradores de pequena *e média escala*" (Desmarais, 2007, p.6, grifo meu) – do Sul e, às vezes, também lavradores "familiares" do Norte, como um inclusivo "povo da terra". O projeto político defendido por esse público se opõe à "transformação empresarial da agricultura [...] [que] foi globalmente sincronizada em detrimento da população de lavradores *de toda parte*" (McMichael, 2006, p.473, grifo meu) e propõe "revalorizar a ecologia cultural rural como bem global" mobilizando a "resistência agrária global", um "contramovimento agrário" que luta para preservar ou recuperar "a via camponesa" – nome de um dos mais conhecidos dentre esses movimentos, a Via Campesina (McMichael, 2006, p.472, 474, 480). Aqui não podemos examinar se realmente existe um "contramovimento agrário" global, em que sentido, qual o seu impacto etc.[1] Limito-me a observar a ambição, expressa por Philip McMichael, de forjar uma unidade de todo o "povo da terra" como, de fato, uma única classe explorada pelo capital empresarial. Essa ambição remodela e expande a visão de uma antiga tradição de populismo agrário nas condições atuais de globalização neoliberal. No entanto, não se pode pressupor nenhuma unidade do "povo da terra", que teria de ser construída a partir de "movimentos de lavradores" locais, regionais e nacionais heterogêneos, com todas as suas variações de processos específicos de mudança agrária e das circunstâncias de diferentes classes rurais

---

1 Edelman (2003) faz uma pesquisa proveitosa sobre esses movimentos.

(sociologia econômica) e de histórias, experiências e culturas de luta específicas (sociologia política). A seguir, alguns exemplos rápidos.

No Brasil, com as suas grandes propriedades privadas de terras não cultivadas e onde nunca houve uma grande reforma agrária redistributiva, a "questão da terra" obteve importância política nacional com as ações do Movimento dos Trabalhadores Rurais Sem Terra (MST). O MST "invade" e ocupa terras não usadas e cria nelas assentamentos de lavradores, com uma ideologia explicitamente anticapitalista de instituir a terra como propriedade comunal dos que nela trabalham (Introdução, capítulos II e III), enquanto também trabalha intimamente com órgãos estatais para obter financiamento para obras de infraestrutura e novos empreendimentos na lavoura. A origem política, a trajetória e a cultura do MST incluem a lembrança das antigas "ligas camponesas" suprimidas pela ditadura militar na década de 1960, numa tradição de catolicismo "social" radical entre alguns padres e ativistas da Igreja, e alianças locais com o Partido dos Trabalhadores (atualmente, partido do governo federal do Brasil). O movimento adota um discurso de classe que pretende unir todos os seus membros, que vêm de diferentes locais sociais do campo brasileiro – por exemplo, ex-trabalhadores rurais dos grandes canaviais do Nordeste e pequenos lavradores do Sul. A experiência que levam consigo configura as suas diversas expectativas e afeta o relacionamento entre a organização da comunidade e o meio de vida individual, inclusive a pequena produção de mercadorias, nos assentamentos do MST, que muitas vezes divergem do ideal coletivo promovido pelos líderes e admiradores do movimento (Wolford, 2003).

Enquanto o caso do MST como movimento nacional ilustra diferenças entre grupos específicos de trabalhadores e pequenos lavradores, as divisões de classe são mais evidentes em alguns dos "novos movimentos de lavradores" estaduais da Índia. O Karnataka Rajya Ryota Sangha (KRRS, Associação de Lavradores do Estado de Karnataka), organização filiada à rede internacional Via Campesina, obteve amplo reconhecimento internacional com a oposição à semente de algodão transgênico Bt. No entanto, a organização é administrada por e para lavradores ricos e médios, que continuam a oprimir a mão de obra rural, e faz campanhas pela concessão de subsídios a adubos químicos. Em resumo, as credenciais sociais e ecológicas do KRRS como exemplo de "resistência agrária global" não são tão cristalinas quanto a entidade e outros afirmam.

É interessante que a ideologia dos "novos movimentos de lavradores" na Índia indica explicitamente o "povo da cidade" como antítese do "povo da terra", pelo menos no sentido de que uma forte tradição populista atribui os problemas dos lavradores ao "viés urbano". As políticas são elaboradas para favorecer a indústria urbana – e a população urbana em termos mais gerais, por exemplo, pelo fornecimento de "comida barata" – às custas dos lavradores. Portanto, as exigências desses movimentos tendem a se concentrar na questão dos termos do comércio entre bens agrícolas e industriais (capítulos IV e VI). Nesse aspecto – a sua preocupação com os preços e subsídios que os lavradores recebem –, são exatamente iguais às organizações e *lobbies* de lavradores da União Europeia e dos Estados Unidos, e os seus críticos os consideram movimentos dominados pelos interesses dos lavradores mais ricos.

Conclusão

Concluo com cinco perguntas finais, que adapto do ensaio introdutório de uma coleção importante, *Transnational Agrarian Movements Confronting Globalization* [Movimentos agrários transnacionais confrontando a globalização] (Borras et al., 2008) e que se aplicam a todos os "contramovimentos" envolvidos nas lutas agrárias.

1. Quais as características das estruturas agrárias das quais surgem ou não os movimentos?
2. Qual é a base social dos movimentos agrários? Que classes e grupos sociais afirmam representar? Como avaliar a plausibilidade de tais afirmações?

3. Que problemas ou exigências são apresentadas pelos movimentos? De onde vêm essas exigências e que forças sociais e políticas as promovem ou restringem?
4. Que problemas unem e dividem os movimentos agrários, e por quê?
5. Qual a eficácia das ações desses movimentos para mudar as estruturas agrárias que questionam e a quem beneficiam? Por que alguns movimentos são mais eficazes do que outros?

A essas perguntas, devo acrescentar outra, relativa ao "quadro maior" com o qual este livro começou: até que ponto é plausível a pretensão dos "contramovimentos" agrários e dos seus defensores de que a volta à lavoura familiar em pequena escala, com "baixo nível de insumos" ("recamponização"), pode alimentar uma população mundial tantas vezes maior e tão mais urbana do que na época em que os "camponeses" eram os principais produtores da comida do mundo?

A complexidade analítica da dinâmica de classe dos processos de mudança agrária apresentada neste pequeno livro constitui uma tentativa de enfrentar algumas complexidades do mundo real do capitalismo de hoje. Esse mundo se estende da bolsa de futuros de Chicago e das sedes do agronegócio empresarial à diferenciação de classe em zonas de dinâmico "capitalismo camponês" e à luta dos trabalhadores e lavradores pobres retratados na Introdução. Os desafios da complexidade são enfrentados na prática pelos ativistas envolvidos na tentativa de construir e manter uma política progressista de mudança agrária nas suas várias escalas, da mais local à global. Com esse fim, dificilmente bastariam lemas chamativos e uma lista de heróis e vilões, mocinhos e bandidos. Os movimentos ativistas precisam de uma análise eficaz das realidades sociais complexas e contraditórias que pretendem transformar. No mundo capitalista, entender a dinâmica de classe deveria sempre ser o ponto de partida e um elemento central de tal análise.

Glossário[1]

acumulação: no capitalismo, acumulação de lucros para investir na produção (ou no comércio, ou no sistema financeiro) para obter mais lucro; ver também *reprodução ampliada*.

acumulação primitiva: para Marx, são processos históricos pelos quais se criaram as classes fundamentais do capitalismo; para outros, processos que continuam dentro do capitalismo estabelecido e se baseiam em mecanismos "extraeconômicos" muitas vezes coercitivos, principalmente em relação ao *cercamento* de terras, florestas, fontes de água etc.

agricultura/setor agrícola: no *capitalismo* moderno, a lavoura junto com todos os interesses econômicos e as suas atividades e instituições especializadas, *a montante* e *a jusante* da lavoura, que afetam as atividades e a *reprodução* dos lavradores.

agronegócio: empresas de várias escalas, inclusive globais, que investem em agricultura; ver também *empresas de agroinsumos e agroalimentos*.

"a jusante": todas as atividades relativas às mercadorias agrícolas quando saem da lavoura, como comercialização, processamento, venda por atacado e no varejo etc.

"a montante": todas as atividades necessárias para assegurar as condições da lavoura antes que esta ocorra, como acesso à terra, mão de obra, instrumentos de trabalho e, com a mercantilização, geralmente também o crédito.

---

[1] As referências cruzadas a termos do glossário estão em itálico.

"aperto" da reprodução simples: processo de pressão sobre a *reprodução de pequenos produtores de mercadorias*, tanto como capital quanto como mão de obra, associado à *mercantilização da subsistência* e, com frequência, levando à *descamponização*.

biopirataria: nome dado pelos críticos às empresas de agroinsumos que tentam patentear "direitos de propriedade intelectual" sobre material genético vegetal.

cadeias mercantis: todas as atividades que ligam a produção de mercadorias ao consumo final; no caso das mercadorias agrícolas, as viagens desde o campo do lavrador até o prato do consumidor e os atores e instituições, relações e práticas que estruturam essas viagens

camponês: em termos amplos e geralmente frouxos, termo usado para descrever *"pequenos" lavradores* ou *lavradores "familiares"* voltados para a *"subsistência"* em diversas condições e períodos históricos, das civilizações agrárias pré-capitalistas até o capitalismo de hoje, principalmente no Sul.

capital agrário: capital investido na lavoura para obter lucro.

capitalismo: sistema socioeconômico distinto, estabelecido em escala mundial, baseado na relação de *classe* entre capital e trabalho.

cercamento: processo de privatização da terra e de outros recursos considerados como *direito de propriedade comunal*, quer esse processo aconteça de fato (na prática) ou de direito (com base jurídica); ver também *mercado "popular"*.

classe: relação social de produção entre classes de produtores (trabalho) e não produtores; ver também *exploração*.

condições sociais de produção: todas aquelas relações, instituições e práticas sociais que configuram atividades de *produção e reprodução*, inclusive as *condições técnicas de produção* e as *forças produtivas*.

condições técnicas de produção: conjuntos específicos de *forças produtivas* organizadas em *processos de trabalho*, inclusive a *divisão técnica do trabalho*.

custo de entrada: tipo e escala do custo necessário para criar uma empresa mercantil, inclusive a *"lavoura em pequena escala"*.

descamponização: processo pelo qual os lavradores *camponeses* perdem o acesso aos meios de se reproduzir como lavradores; ver também *acumulação primitiva, proletarização, "aperto" da reprodução simples*.

diferenciação: em termos de classe, tendência dos *pequenos produtores de mercadorias* de se dividir em classes de capital/trabalho; também fortemente configurada pelas relações entre gêneros e a sua dinâmica.

DINÂMICAS DE CLASSE DA MUDANÇA AGRÁRIA 151

direito de propriedade comunal: direito à terra e a outros recursos, como fontes de água, pasto e floresta, detido em comum por grupos reconhecidos cujos membros têm direito ao *usufruto* daqueles recursos.

direito de usufruto: direito dos lavradores ao acesso a terra para cultivo e pasto, floresta, fontes de água etc., mantidas como *propriedade comunal*.

divisão social do trabalho: (i) relações sociais entre produtores relativamente especializados em produzir tipos diferentes de bens e serviços e cujas atividades são complementares; (ii) atividades de categorias diferentes de indivíduos de acordo com a posição que ocupam em estruturas específicas de relações sociais, notadamente as relações de *classe* capital/trabalho e as relações entre gêneros.

divisão técnica do trabalho: combinação de diferentes tarefas ou *processos de trabalho* realizados por trabalhadores numa unidade de produção, como uma fábrica ou fazenda.

empresas de agroinsumos: empresas de *agronegócio* que investem em agricultura *a montante* da lavoura.

empresas de agroalimentos: empresas de *agronegócio* que investem em agricultura *a jusante* da lavoura.

exploração: apropriação do *produto excedente* de classes de produtores por classes (dominantes) de não produtores.

feudalismo: "modo de produção" em que classes de *proprietários de terras* feudais se apropriam da *produção excedente* de produtores *camponeses* sob a forma de arrendamento; ver *fundo de arrendamento*.

financeirização: processo pelo qual o capital financeiro se torna dominante sobre outras formas de capital (industrial, mercantil etc.); considerada por alguns como tendência característica da *globalização* contemporânea e manifestada na crise financeira mundial iniciada em 2008.

força de trabalho: capacidade de trabalho que os trabalhadores possuem como mercadoria única ou principal e vendem em troca de salário para comprar meios de *reprodução*; fundamental especificamente no modo de produção capitalista.

forças produtivas: tecnologia e cultura técnica, inclusive a capacidade dos indivíduos de se organizar para tomar decisões sobre a produção, colocá-las em prática e inovar, tudo configurado pelas *condições sociais de produção*.

fundo de arrendamento: parte do *produto excedente* que "*camponeses*" ou "*pequenos lavradores*" têm de pagar a outros, como senhores de terras, agiotas, mercadores.

fundo cerimonial: parte do *produto excedente* usado em atividades coletivas de comunidades rurais para marcar, por exemplo, colheitas, eventos religiosos ou "ritos de passagem", como casamentos e mortes.

fundo de consumo: parte do produto ou renda necessária para satisfazer as necessidades elementares e outras necessidades básicas de produtores e suas famílias, inclusive as de *reprodução geracional*.

globalização: muito debatida e considerada a fase atual do capitalismo mundial, principalmente desde a década de 1970; marcada pelo mercado internacional de capital bastante desregulado, pela *financeirização* e pelo projeto político do *neoliberalismo*.

imperialismo: convencionalmente, sistema de domínio de territórios e povos de outros países/sociedades por Estados imperiais; para Lênin, "último estágio" do capitalismo, dominado pelos países capitalistas mais desenvolvidos sem exigir domínio colonial direto.

lavrador familiar: aplica-se de forma mais robusta a lavouras que usem apenas mão de obra familiar; às vezes se aplica a lavouras pertencentes à família e/ou administradas pela família, mas não trabalhadas com mão de obra familiar.

lavradores marginais: lavradores que não satisfazem a maior parte das necessidades de *reprodução* com a lavoura por "conta própria"; componente importante das classes de trabalho; ver também *semiproletarização*.

mais-valia: forma específica de trabalho excedente no capitalismo; ver *produto excedente*.

meação agrícola: prática na qual os donos da terra a arrendam e às vezes fornecem instrumentos de trabalho em troca de parte da colheita obtida.

mercado "popular": mercado de bens e serviços que, na prática (*de facto*), são mercadorias, principalmente o mercado de terras, em condições nas quais o direito à propriedade privada juridicamente estabelecida (de direito) é inexistente, fraco, ambíguo e/ou contestado.

mercantilismo: sistema de regulamentação política do comércio; o adjetivo "mercantil" pode se referir a esse sistema e, em termos mais genéricos, às atividades de comércio e aos que se especializam nelas (capital mercantil).

mercantilização: processo pelo qual os elementos de produção e *reprodução* são produzidos para troca no mercado e nela obtidos, e que os sujeita às suas disciplinas e compulsões; o *capitalismo* se distingue como sistema de produção generalizada de mercadorias.

mercantilização da subsistência: processo pelo qual elementos fundamentais da *subsistência*, portanto da *reprodução*, de pequenos lavradores antes "independentes" se submetem à dinâmica da troca no mercado e às suas compulsões (*mercantilização*).

monocultura: cultivo de áreas extensas com um único produto, em oposição aos sistemas de cultura diversificada.

neoliberalismo: programa político e ideológico para "fazer recuar o Estado" em benefício do mercado e dos seus principais atores capitalistas.

"pegada ecológica": quantidade de terra e área marítima biologicamente produtiva e de energia usada por tipos específicos de tecnologia para (i) regenerar os recursos que a população humana consome e (ii) absorver e tornar inofensivo o resíduo correspondente.

pequeno lavrador: refere-se tipicamente a lavradores cujo tamanho da lavoura é determinado pela disponibilidade de mão de obra familiar, considerado às vezes orientado à *subsistência* ou *reprodução simples*; nessa definição, o tamanho da lavoura varia bastante com o tipo de lavoura.

processo de trabalho: organização e atividades de trabalho em processos de produção específicos; ver também *condições técnicas de produção, condições sociais de produção*.

produção: processo no qual se aplica trabalho para mudar a natureza e satisfazer as condições da vida humana.

pequena(o) produção/produtor de mercadorias: produção de mercadorias em "pequena escala" no capitalismo, combinando as posições de classe do capital e do trabalho, seja por uma família, seja por um indivíduo; sujeita a *diferenciação* de classe.

produtividade: quanto se pode produzir com um dado uso de recursos; ver *produtividade energética, produtividade do trabalho, rendimento*.

produtividade energética: unidades de energia (calorias) consumidas para produzir determinada quantidade de uma safra com valor energético ou calorífico dado.

produtividade da terra: ver *rendimento*.

produtividade do trabalho: quantidade de um bem (ou serviço) que se pode produzir com um dado gasto de esforço, tipicamente medida ou com a média calculada em termos do tempo gasto trabalhando ou pelo tempo de trabalho.

produto excedente: o que é produzido além da necessidade de *reprodução simples* dos produtores, que, portanto, representa o produto do seu "trabalho excedente"; quando apropriado por outras classes, é a base da *exploração*.

proletarização: processo no qual se formam classes de trabalho a partir de artesãos, lavradores etc. antes "independentes"; ver também *mercantilização da subsistência, força de trabalho, acumulação primitiva*.

proprietário da terra: classe baseada no controle efetivo da terra, seja em condições pré-capitalistas, como no *feudalismo*, seja com o direito de propriedade privada da terra que foi *mercantilizada*, no capitalismo.

recamponização: processo pelo qual antigos *lavradores marginais, semiproletários* e *proletários* adotam a lavoura como componente principal de sua *reprodução*.

Regime Alimentar Internacional (RAI): sistema de relações, regras e práticas que estruturam as divisões internacionais de trabalho e comércio da agricultura no capitalismo mundial desde a década de 1870.

regime de trabalho: modos diferentes de recrutar/mobilizar a mão de obra e organizar o trabalho na produção.

relação entre gêneros: relações entre homens e mulheres; as divisões de propriedade, trabalho e renda costumam se estruturar por meio de relações desiguais entre gêneros, ainda que de várias maneiras; ver também *trabalho doméstico, reprodução geracional, divisão social do trabalho*.

rendimento (da terra): medida da produtividade da terra: tamanho da safra colhida numa área dada.

reprodução: garantir as condições de vida e de produção futura com base no que é produzido ou ganho agora.

reprodução ampliada: outro nome para a *acumulação* de capital e do seu investimento na ampliação da escala da produção para obter mais lucro; comparar com *reprodução simples*.

reprodução geracional: atividade de produzir e criar a próxima geração; costuma ser estruturada por meio das relações entre gêneros.

reprodução simples: reprodução no mesmo nível de produção e consumo; de fato, *reprodução* sem *acumulação*.

semiproletarização: processo de formação de classes de trabalho não completamente expropriadas de terras e/ou de outros meios de *reprodução*, como, por exemplo, em muitos sistemas de mão de obra migrante com base rural.

subsistência: usada comumente para denotar a satisfação das condições de *reprodução simples*, no caso de *camponeses, lavradores familiares* ou *pequenos lavradores*, em geral com referência especial à produção de alimentos para consumo próprio; ver *mercantilização da subsistência*.

superprodução: tendência intrínseca da competição e da *acumulação* capitalistas na qual se produz mais do que se pode vender para apurar a taxa média de lucro, resultando assim na "desvalorização" do capital investido na produção.

trabalho doméstico: atividades de cozinhar, cuidar de crianças etc., essenciais para a *reprodução* social e da família e, tipicamente, estruturadas por relações entre gêneros.

REFERÊNCIAS BIBLIOGRÁFICAS[1]

ALBRITTON, R. *Let Them Eat Junk*: How Capitalism Crates Hunger and Obesity. Londres: Pluto, 2009.

AMIN, S. *Unequal Development*: An Essay on the Social Formations of Peripheral Capitalism. Hassocks: Harvester, 1976.

_____. World Poverty, Pauperization and Capital Accumulation. *Monthly Review*, v.55, n.5, 2003.

ARAGHI, F. The Invisible Hand and the Visible Foot: Peasants, Dispossession and Globalization. In: AKRAM-LODHI, A. H.; KAY, C. (Orgs.). *Peasants and Globalization*. Political Economy, Rural Transformation and the Agrarian Question. Londres: Routledge, 2009.

**ARRIGHI, G. *The Long Twentieth Century*: Money Power and the Origins of Our Times. Londres: Verso, 1994.

ARRIGHI, G.; MOORE, J. W. Capitalist Development in World Historical Perspective. In: ALBRITTON, R. et al. (Orgs.). *Phases of Capitalist Development*. Booms, Crises and Globalizations. Londres: Palgrave, 2001.

BAGCHI, A. K. Nineteenth Century Imperialism and Structural Transformation in Colonized Countries. In: AKRAM-LODHI, A. H.; KAY, C. (Orgs.). *Peasants and Globalization*. Political Economy, Rural Transformation and the Agrarian Question. Londres: Routledge, 2009.

---

1 As referências destacadas com um asterisco são recomendadas como possíveis leituras futuras introdutórias; as que tiverem dois asteriscos indicam leituras recomendadas de obras mais avançadas.

BANAJI, J. Illusions About the Peasantry: Karl Kautsky and the Agrarian Question. *Journal of Peasant Studies*, v.17, n.2, 1990.

_____. Modernizing the Historiography of Rural Labour: An Unwritten Agenda. In: BENTLEY, M. (Org.). *Companion to Historiography*. Londres: Routledge, 1997.

_____. The Metamorphoses of Agrarian Capitalism. *Journal of Agrarian Change*, v.2, n.1, 2002.

_____. Islam, the Mediterranean and the Rise of Capitalism. *Historical Materialism*, v.15, n.1, 2007.

_____. *Theory as History*: Essays on Modes of Production and Exploitation. Leiden: Brill, 2010.

BARKER, J. *Rural Communities in Distress*. Peasant Farmers and the State in Africa. Cambridge: Cambridge University Press, 1989.

BAUER, A. J. Rural Workers in Spanish America: Problems of Peonage and Oppression. *Hispanic American Historical Review*, v.59, n.1, 1979.

BELLO, W. *The Food Wars*. Londres: Verso, 2009.

BERNSTEIN, H. Notes on State and Peasantry. *Review of African Political Economy*, v.21, 1981.

BHARADWAJ, K. A View of Commercialization in Indian Agriculture and the Development of Capitalism. *Journal of Peasant Studies*, v.12, n.4, 1985.

**BORRAS, S. M.; EDELMAN, M.; KAY, C. Transnational Agrarian Movements: Origins and Politics, Campaigns and Impact. *Journal of Agrarian Change*, special issue "Transnational Agrarian Movements Confronting Globalization", v.8, n.1-2, 2008.

BRAY, F. *The Rice Economies*. Technology and Development in Asia Societies. Oxford: Basil Blackwell, 1986.

BREMAN. J. *Footloose Labour*. Working in India's Informal Economy. Cambridge: Cambridge University Press, 1996.

BRENNER, R. P. The Low Countries in the Transition to Capitalism. *Journal of Agrarian Change*, v.1, n.2, 2001.

BRYCESON, D. African Rural Labour, Income Diversification and Livelihood Approaches; A Long-term Development Perspective. *Review of African Political Economy*, v.80, 199.

BURCH, D. Production, Consumption and Trade in Poultry. in: FOLD, N.; PRITCHARD, B. (Orgs.). *Cross-continental Food Chains*. Londres: Routledge, 2003.

BYRES, T. J. The New Technology, Class Formation and Class Action in the Indian Countryside. *Journal of Peasant Studies*, v.8, n.4, 1981.

BYRES, T. J. The Agrarian Question and Differing Forms of Capitalist Transition: An Essay with Reference to Asia. In: BREMAN, J.; MUNDLE, S. (Orgs.). *Rural Transformation in Asia*. Deli: Oxford University Press, 1991.

_____. *Capitalism From Above and Capitalism From Below*: An Essay in Comparative Political Economy. Londres: Macmillan, 1996.

CHAUVEAU, J.-P.; RICHARDS, P. West African Insurgencies in Agrarian Perspective: Côte d'Ivoire and Sierra Leone Compared. *Journal of Agrarian Change*, v.8, n.4, 2008.

CHAYANOV, A. V. The Theory of Peasant Economy. In: THORNER, D.; KERBLAY, B.; SMITH, R. F. (Orgs.). Homewood, IL: Richard Irwin for the American Economic Association, 1966 [1925].

_____. *The Theory of Peasant Co-operatives*. Londres: I. B. Tauris, [1927], 1991.

**CHIMHOWU, A.; WOODHOUSE, P. Customary *vs*. Private Property Rights: Dynamics and Trajectories of Vernacular Land Markets in Sub-Saharan Africa. *Journal of Agrarian Change*, v.6, n.3, 2007.

CHONCHOL, J. Eight Fundamental Conditions of Agrarian Reform in Latin America. In: STAVENHAGEN, R. (Org.). *Agrarian Problems and Peasant Movements in Latin America*. Nova York: Doubleday, 1970.

CORDELL, D.; GREGORY, J. W.; PICHÉ, V. *Hoe and Wage*: A Social History of a Circular Migration System in West Africa. Boulder, CO: Westview, 1996.

COWEN, M. P.; SHENTON, R. W. The Origin and Course of Fabian Colonialism in Africa. *Journal of Historical Sociology*, v.4, n.2, 1991a.

_____. Bankers, Peasants and Land in British West Africa, 1905-1937. *Journal of Peasant Studies*, v.19, n.1, 1991b.

**CRONON, W. *Nature's Metropolis*. Chicago and the Great West. Nova York: W. W. Norton, 1991.

**CROSBY, A. W. *Ecological Imperialism*: The Biological Expansion of Europe 900-1900. Cambridge: Cambridge University Press, 1986.

DAVIRON, B. Small Farm Production and the Standardization of Tropical Products. *Journal of Agrarian Change*, v.2, n.2, 2002.

DAVIS, M. *Late Victorian Holocausts*. El Niño Famines and the Making Of the Third World. Londres: Verso, 2001.

**_____. *Planet of Slums*. Londres: Verso, 2006.

DESMARAIS, A. A. *La Vía Campesina*: Globalization and the Power of Peasants. Halifax: Fernswood, 2007.

DJURFELDT, G. What Happened to the Agrarian Bourgeoisie and Rural Proletariat Under Monopoly Capitalism: Some Hypotheses Derived from the Classics of Marxism on the Agrarian Question. *Acta Sociologica*, v.24, n.3, 1981.

DUNCAN, C. A. M. *The Centrality of Agriculture*. Between Humanity and the Rest of Nature. Montreal: McGill-Queen's University Press, 1996.

EDELMAN, M. *Peasants Against Globalization*: Rural Social Movements in Costa Rica. Stanford: Stanford University Press, 1999.

**_____. Transnational Peasant and Farmer Movements and Networks. In: KALDOR, M.; ANHEIER, H.; GLASIUS, M. (Orgs.). *Global Civil Society Yearbook 2003*. Londres: Sage, 2003.

ELLIS, F. Household Strategies and Rural Livelihood Diversification. *Journal of Development Studies*, v.35, n.1, 1999.

FRANCKS, P. *Rural Economic Development in Japan from the Nineteenth Century to the Pacific War*. Londres: Routledge, 2006.

FRANK, A. G. *Capitalism and Underdevelopment in Latin America*. Nova York: Monthly Review, 1967.

*FRIEDMANN, H. The Origins of Third World Food Dependence. In: BERNSTEIN, H. et al. *The Food Question*. Londres/Nova York: Earthscan/Monthly Review Press, 1990.

_____. The Political Economy of Food: A Global Crisis. *New Left Review*, v.197, 1993.

**_____. Feeding the Empire: The Pathologies of Globalized Agriculture. In: PANITCH, L.; LEYS, C. (Orgs.). *The Socialist Register 2005*. Londres: Merlin, 2004.

_____. Focusing on Agriculture: A Comment on Henry Bernstein's "Is There an Agrarian Question in the 21st Century?". *Canadian Journal of Development Studies*, v.27, n.4, 2006.

FRIEDMANN, H.; McMICHAEL, P. Agriculture and the State System: The Rise and Decline of National Agricultures, 1870 to the Present. *Socilogica Ruralis*, v.29, n.2, 1989.

GIBBON, P.; NEOCOSMOS, M. Some Problems in the Political Economy of "African Socialism". In: BERNSTEIN, H.; CAMPBELL, B. K. (Orgs.). *Contradictions of Accumulation in Africa*: Studies in Economy and State. Beverly Hills: Sage, 1985.

GILSENAN, M. *Recognizing Islam*. Londres: Croom Helm, 1982.

GOODY, J. *Capitalism and Modernity*: The Great Debate. Cambridge: Polity Press, 2004.

GRIGG, D. B. *The Agrarian Systems of the World*: An Evolutionary Approach. Cambridge: Cambridge University Press, 1974.

HARRISS, J. Capitalism and Peasant Production the Green Revolution in India. In: SHANIN, T. (Org.). *Peasants and Peasant Societies*. 2. ed. Oxford: Blackwell, 1987.

HARRIS-WHITE, B.; GOOPTU, N. Mapping India's World of Unorganized Labour. In: PANITCH, L.; LEYS, C. (Orgs.). *The Socialist Register 2001*. Londres: Merlin, 2000.

HART, G. Engendering Everyday Resistance: Gender, Patronage and Production Politics in Rural Malaysia. *Journal of Peasant Studies*, v.19, n.1, 1991.

_____. The Dynamics of Diversification in an Asian Rice Region. In: KOPPEL, B.; HAWKINS, J. N.; JAMES, W. (Orgs.). *Development or Deterioration*: Work in Rural Asia. Boulder, CO: Lynne Renner, 1994.

*HARTMANN, B.; BOYCE, J. K. *A Quiet Violence*. View From a Bangladesh Village. Londres: Zed Books, 1983.

HARVEY, D. *A Brief History of Neoliberalism*. Oxford: Oxford University Press, 2005.

HAZELL, P. et al. *The Future of Small Farms for Poverty Reduction and Growth*. Washington: International Food Policy Research Institute, 2007. (2020, Discussion Paper 42.)

HILFERDING, R. *Finance Capital*. Londres: Routledge & Kegan Paul, [1910] 1981.

HILL, P. *The Migrant Cocoa Farmers of Southern Ghana*. Cambridge: Cambridge University Press, 1963.

INTERNATIONAL Fund for Agricultural Development. *Rural Poverty Report 2001*: The Challenge of Ending Rural Poverty. Roma: Ifad, 2001.

KAUTSKY, K. *The Agrarian Question*. Trad. P. Burgess. Londres: Zwan, [1899] 1988. 2v.

KAY, C. Comparative Development of the European Manorial System and the Latin American *Hacienda* System. *Journal of Peasant Studies*, v.2, n.1, 1974.

KAY, G. *Development and Underdevelopment*. Londres: Macmillan, 1975.

KERKVLIET, B. J. Everyday Politics in Peasant Societies (and Ours). *Journal of Peasant Sutdies*, v.36, n.1, 2009.

*KITCHING, G. *Development and Underdevelopment in Historical Perspective*. Londres: Methuen, 1982.

**KITCHING, G. *Seeking Social Justice Through Globalization*. University Park, PA: Pennsylvania State University Press, 2001.

**KLOPPENBURG JR., J. R. *First the Seed*. The Political Economy of Plant Biotechnology. Madison: University of Wisconsin Press, 2004.

KONING, N. *The Failure of Agrarian Capitalism*: Agrarian Politics in the United Kingdom, Germany, the Netherlands and the USA, 1846-1919. Londres: Routledge, 1994.

LÊNIN, V. I. *The Development of Capitalism in Russia*: The Process of the Formation of a Home Market for Large-Scale Industry. In: *Collected Works*. v.3. Moscou: Progress, [1899] 1964a.

_____. *Imperialism, The Highest Stage of Capitalism*. In: *Collected Works*. v.22. Moscou: Progress, [1916] 1964b.

LOW, D. A. *The Egalitarian Moment*: Asia and Africa 1950-1980. Cambridge: Cambridge University Press, 1996.

MAMDANI, M. Extreme but not Exceptional: Towards an Analysis of the Agrarian Question in Uganda. *Journal of Peasant Studies*, v.14, n.2, 1987.

_____. *Citizen and Subject*: Contemporary Africa and the Legacy of Late Colonialism. Cidade do Cabo: David Philip, 1996.

_____. *Saviors and Survivors*: Darfur, Politics and the War on Terror. Londres: Verso, 2009.

MANN, S. A.; DICKINSON, J. M. Obstacles to the Development of a Capitalist Agriculture. *Journal of Peasant Studies*, v.5, n.4, 1978.

MARTINEZ-ALIER, J. *The Environmentalism of the Poor*. Cheltenham: Edward Elgar, 2002.

MARTINS, J. de S. *O cativeiro da terra*. São Paulo: Hucitec, 1986.

MARX, K. *Gundrisse*: Foundations of the Critique of Political Economy (Rough Draft). Trad. Martin Nicolaus. Harmondsworth: Penguin, 1973.

_____. *Capital*. v. I. Trad. Ben Fowkes. Harmondsworth: Penguin, [1867] 1976.

*MAZOYER, M.; ROUDART, L. *A History of World Agriculture from the Neolithic Age to the Current Crisis*. Londres: Earthscan, 2006.

MBILINYI, M. Structural Adjustment, Agribusiness and Rural Women in Tanzania. In: BERNSTEIN, H. et al. (Orgs.). *The Food Question*. Londres/Nova York: Earthscan/Monthly Review, 1990.

McMICAHAEL, P. Reframing Development: Global Peasant Movements and the New Agrarian Question. *Canadian Journal of Development Studies*, v.27, n.4., 2006.

MENDES, C. The Defence of Life. *Journal of Peasant Studies*, v.20, n.1, 1992.

MOORE JR., B. *Social Origins of Dictatorship and Democracy*: Lord and Peasant in the Making Of the Modern World. Boston: Beacon Press, 1966.

MOORE, J. W. The Modern World-System as Environmental History? Ecology and the Rise of Capitalism. *Theory & Society*, v.32, n.3, 2003.

_____. "Amsterdam is Standing on Norway". Part I: The Alchemy of Capital, Empire, and Nature in the Diaspora of Silver, 1545-1648. *Journal of Agrarian Change*, v.10, n.1, 2010a.

_____. "Amsterdam is Standing on Norway". Part II: The Global North Atlantic in the Ecological Revolution of Seventeenth Century Capitalism. *Journal of Agrarian Change*, v.10, n.2, 2010b.

MYRDAL, G. *Asian Drama*: An Inquiry into the Poverty of Nations. Nova York: Pantheon, 1968. 3v.

PANITCH, L.; LEYS, C. Preface. In: PANITCH, L.; LEYS, C. (Orgs.). *The Socialist Register 2001*. Londres: Merlin, 2000.

PATEL, R. *Stuffed and Starved*: Markets, Power and the Hidden Battle for the World's Food System. Londres: Portobello, 2007.

PETERS, P. E. *Dividing the Commons*: Politics, Policy and Culture in Botswana. Charlottesville: University of Virginia Press, 1994.

**_____. Inequality and Social Conflict Over Land in Africa. *Journal of Agrarian Change*, v.4, n.3, 2004.

POLANYI, K. *The Great Transformation*: The Political and Economic Origin of our Time. Boston: Beacon, [1944] 1957.

POMERANZ, K. *The Great Divergence*: China, Europe and the Making Of Modern World Economy. Princeton: Princeton University Press, 2000.

POST, C. The Agrarian Origins of US Capitalism: The Transformation of the Northern Countryside Before the Civil War. *Journal of Peasant Studies*, v.22, n.3, 1995.

POTTIER, J. *Re-Imagining Rwanda*: Conflict, Survival and Disinformation in the Late Twentieth Century. Cambridge: Cambridge University Press, 2002.

PREOBRAZHENSKY, E. *The New Economics*. Trad. Brian Pearce. Oxford: Clarendon, [1926] 1965.

RICHARDS. P. *Coping with Hunger*: Hazard and Experiment in an African Rice Farming System. Londres: Allen & Unwin, 1986.

SAHLINS. M. *Stone Age Economics*. Chicago: Aldine, 1972.

SHWARTZ, H. M. *States* versus *Markets*: The Emergence of a Global Economy. 2. ed. Houndmills, Basingstoke: Palgrave, 2000.

SCOTT, J. C. *Weapons of the Weak*: Everyday Forms of Peasant Resistance. New Haven: Yale University Press, 1985.

SCOTT, J. C. Afterword to "Moral Economies, State Spaces, and Categorical Violence". *American Anthropologist*, v.107, n.3, 2005.

SEN, A. *Poverty and Famines*. Oxford: Oxford University Press, 1981.

SENDER, J.; SMITH, S. *The Development Capitalism in Africa*. Londres: Methuen, 1986.

SHANIN, T. Chayanov's Message: Illuminations, Miscomprehensions, and the Contemporary "Development Theory". in: CHAYANOV, A. V. et al. (Orgs.). *The Theory of Peasant Economy*. 2. ed. Madison: University of Wisconsin Press, 1986.

SHELLEY, T. *Exploited*: Migrant Labour in the New Global Economy. Londres: Zed Books, 2007.

SILVER, B. J.; ARRIGHI, G. Workers North and South. In: PANITCH, L.; LEYS, C. (Orgs.). *The Socialist Register 2001*. Londres: Merlin, 2000.

STOLCKE, V.; HALL, M. M. The Introduction of Free Labour on São Paulo Coffee Plantations. *Journal of Peasant Studies*, v.10, n.2-3, 1983.

STOLER, A. *Capitalism and Confrontation in Sumatra's Plantation Belt, 1870-1979*. New Haven: Yale University Press, 1985.

THERBORN, G. After Dialectics: Radical Social Theory in a Post-Communist World. *New Left Review*, v.43, 2007.

**VAN DER PLOEG, J. D. *The New Peasantries*: Struggles for Autonomy and Sustainability in an Era of Empire and Globalization. Londres: Earthscan, 2008.

VON FREYHOLD. M. *Ujamaa Villages in Tanzania*: Analysis of a Social Experiment. Londres: Heinenmann, 1979.

WALLERSTEIN, I. *The Capitalist World-Economy*. Cambridge: Cambridge University Press, 1979.

WARREN, B. *Imperialism*: Pioneer of Capitalism. Londres: Verso, 1980.

*WEIS, T. *The Global Food Economy*: The Battle for the Future of Farming. Londres: Zed Books, 2007.

WHITCOMBE, E. Whatever Happened to the Zamindars?. In: HOBSBWM, E. J. et al. (Orgs.). *Peasants in History*: Esays in Honour of Daniel Thorner. Calcutá: Oxford University Press, 1980.

WILLIAMS, G. Taking the Part of Peasants. In: GUTKIND, P.; WALLERSTEIN, I. (Orgs.). *The Political Economy of Contemporary Africa*. Beverly Hills: Sage, 1976.

*WOLF, E. *Peasants*. Englewood Cliffs, NJ: Prentice Hall, 1966.

**_____. *Peasant Wars of the Twentieth Century*. Nova York: Harper and Row, 1969.

WOLFORD, W. Producing Community: The MST and Land Reform Settlements in Brazil. *Journal of Agrarian Change*, v.3, n.4., 2003.

WOOD, E. Meiksins. *Empire of Capital*. Londres: Verso, 2003.

WORLD Bank. *World Development Report 2008*: Agriculture for Development. Washington: World Bank, 2007.

ÍNDICE REMISSIVO

acumulação
  primitiva 33-5, 39-40, 66-70,
    93, 104-5, 115, 125, 149-50,
    153.
  regimes ("de acumulação") 5, 14,
    26, 28, 30-4, 41, 44-45, 49,
    51, 63, 69-70, 96, 101, 104,
    115, 124, 130, 140, 149, 154.
África 7, 21-2, 47-52, 55, 57, 60-70,
  81-3, 85, 89, 117, 121, 127,
  132-3.
  norte da 6, 28, 76, 88, 132.
  Ocidental 49, 60.
  Subsaariana 6, 18, 20, 50, 60-1,
    91, 117, 131-2, 142-3.
África do Sul 46, 50, 61, 64.
africano 18-9, 36, 48, 61-2, 83, 117.
agricultura empresarial 16, 101, 104.
agroalimentos, setor de 78, 87, 98-9,
  101, 108, 111, 113, 115, 149, 151.
agronegócio 56, 81, 87, 90, 95, 98,
  100, 104, 137, 142, 148-9, 151.

Antilhas 47-8, 53, 62, 64-5, 80, 105,
  132.
América Central 28, 54-6, 62, 76.
América Latina 9, 13, 37, 43, 47, 49,
  53, 55-8, 62, 64-6, 68-9, 88-9,
  103, 117, 119-20, 127, 132.
América do Norte 48, 53, 58, 103-4,
  111, 113.
América do Sul 62.
Argentina 19, 51, 54-6, 80, 98.
Argélia 116, 119, 144.
arrendamento 10, 12, 28, 30, 34-5,
  37, 40, 52, 54, 59, 62, 77-8, 83,
  110, 116, 118, 120, 144, 151.
Ásia 6, 28, 35, 39-40, 47-52, 55-56,
  62-6, 68-70, 76, 81-5, 88-9, 121,
  127, 132-3.

Banco Mundial 7, 90, 102, 131.
Bolívia 55, 119.
Brasil 7, 10, 12-4, 19, 48, 52, 53, 56,
  65, 80, 89, 98, 109, 146.

classe
    diferenciação de 9, 14, 37-8, 59,
        123-5, 127-30, 133, 135,
        140, 145, 146, 148, 150, 153.
    dinâmicas de 3, 73, 125, 135,
        142, 144, 148.
    lutas de 106, 116, 141, 142, 144.
    sociologia de 27, 106, 138, 139,
        140-1.
    trabalhadora 96, 105, 112, 134-7,
        141, 152-4.
    violência de 14, 144.
Chile 19, 54-6, 89, 120.
China 7, 59, 68, 98, 100, 109, 116,
    118-9, 132, 144.
coação extraeconômica 34, 64-6.
colonialismo
    legados do 46-52, 58, 59, 62-71,
        76-7, 82, 89, 116-7,
        124, 133.
comercialização forçada 58-9, 61,
    66, 125.
comunidade 8, 13, 26, 30, 35, 36,
    53-4, 75, 117, 128, 146, 152.
Coreia do Sul 39, 40, 119.
Cuba 53, 56, 116, 118, 144.

desenvolvimento comandado pelo
    Estado 70, 77, 89-91, 97,
    102-4, 118.
"desenvolvimento nacional" 77, 89,
    102, 104, 118.
direito de propriedade 57,
    150-1, 154.
dívida 54-5, 59, 65, 102, 116,
    128, 132.

economia política 5, 14-6, 21, 28,
    114, 123.
econômico/a
    atividade 20, 28, 30, 95, 131-2.
    desenvolvimento 63, 69-71, 92,
        97, 103, 116,
Egito 43, 76, 119-21.
Equador 10, 13.
escravidão 11, 33, 43, 53, 56, 64-5.
Espanha 48, 49, 68.
Estados Unidos 7, 18-20, 36-7, 40,
    48, 50, 53, 80, 85-90, 96-8, 100,
    110, 116, 119, 147.
Europa (também União Europeia)
    6-7, 15, 19, 28, 34-7, 44, 47-51,
    54, 67-70, 80, 82, 85, 87-8, 97-8,
    100, 103-4, 119, 132, 147.
excedente
    de alimento 9, 26-8, 34, 39, 54,
        69, 85, 87, 97, 151-2.
    de trabalho 27-8, 30, 33,
        54, 151-3.
exploração 14, 26-8, 33, 42, 45, 49,
    58, 69, 83, 105, 111, 113, 124,
    141, 143, 151, 153.
    autoexploração 113.
exportação 12-3, 48, 51, 56, 58-60,
    62-3, 70, 80-4, 87, 90, 93, 103.
expropriação 35, 39-40, 42, 45, 53,
    55, 58, 60, 64, 104, 107,
    115, 124,

família 8, 10-2, 24, 26, 30, 75-7, 88,
    112-5, 123-8, 130-4, 137, 145,
    148, 150, 152-5.
feudalismo 34-5, 37-8, 47, 151, 154.

florestas 11, 13, 41-2, 58, 60, 62, 81, 83, 143, 149, 151.
fome 7, 33, 59, 85-6, 100, 119, 128, 134.
fundo
　cerimonial 25, 152.
　de arrendamento 26-7, 59, 126, 151.
　de consumo 24, 130, 152.
　de substituição 24, 126.

Gana 62, 117.
globalização 51, 92-3, 95-7, 99, 101-2, 105-6, 116, 123, 131, 145, 147, 151-2.

hacienda 13, 43, 53-6, 58.
história 66, 68, 76, 80, 98, 104-5, 109, 118.

imigração 51, 54, 56, 82.
imperialismo 49-52 152.
　ecológico 76.
incorporação 57, 63, 69, 81, 117.
Índia 7-8, 10-2, 18-9, 21-2, 47, 49, 57, 59-61, 63-5, 67-8, 77, 85, 89, 91-2, 100, 102, 116-7, 119-20, 129, 133-4, 141, 144, 146-7.
Indonésia 63.
industrialização 6, 15, 34, 39-41, 44-5, 49-50, 70, 77, 88-9, 92, 100, 102, 109-10.
Inglaterra 14, 34-7, 40, 44, 48, 67, 77, 79, 105, 116, 125.
investimento 32-3, 37, 40, 50-1, 85, 91, 96, 98, 102, 107, 130, 134, 154.

Irã 119-21.

Japão 7, 39-40, 50, 116, 119.

lavoura
　capitalista 9, 12, 34, 37-8, 79-80, 93, 108, 110-1, 114, 135.
　em média escala 130, 133, 145.
　em pequena escala 8, 9, 13, 56, 71, 75, 86, 103, 105, 107, 110-1, 114-5, 121, 125, 132-3, 137, 148, 150.
　familiar 8, 10, 38, 40, 110-2, 125, 148.
　insumos 12-3, 19, 20, 24, 78, 86-7, 89, 91, 98-9, 101, 108, 111, 113, 115, 129, 132, 148-51.
　marginal 8, 55, 128, 136.
　tamanho de 9, 12, 73, 75, 112, 129, 153.
Leis do Trigo 83, 88, 105.
Lênin 36-8, 50-2, 127-8, 136, 139, 152.
Lesoto 61.
livre-comércio 83-4.

mais-valia 33, 45, 152.
Malásia 64-5, 116.
Malauí 61.
Marx 14-7, 21, 23-4, 32-3, 36, 42-3, 45, 63-4, 67, 69-70, 77, 86, 104, 125, 127, 133, 149.
meio ambiente 17, 20, 21, 108, 123.
meio de vida 8, 13-4, 80, 130, 135-6, 146,
　diversificação de 130.

mercado 8, 9, 12-4, 31, 34, 42, 48,
    50-1, 54-5, 59, 60, 62-3, 70,
    73-4, 77-8, 80-1, 85, 91-3, 95,
    97, 99-102, 111, 115, 119-21,
    125-6, 129, 136, 139, 150, 152-3.
mercadoria 9, 13-4, 19, 29, 31-3, 35,
    38, 43, 48, 50, 59, 61-2, 70, 73,
    78, 80-2, 85-6, 91, 93, 96-7, 99,
    101-3, 110-2, 117, 121, 125-6,
    128-9, 132, 135-7, 149-53.
    produção de 31-3, 35, 38, 41-2,
        45, 59, 62, 64-6, 103, 114,
        117-8, 124-7, 129, 133, 135-
        6, 143, 146, 150, 152-3.
    relações mercantis 37, 42, 66, 70,
        73, 90-1, 100, 102, 115, 125-
        7, 133, 140, 150.
mercantilização 9, 35-6, 60, 97, 103,
    115, 118, 124-6, 128, 133, 135,
    141, 143, 149, 152-3.
    da subsistência 42-3, 59, 63-4,
        66, 78, 83, 104, 117-8, 125,
        127, 150, 152-4.
México 7, 43, 48, 55, 76, 116,
    119, 144.
mineração 41, 50, 83.
Moçambique 61, 119.
modernização agrícola 89, 90-1, 116,
    118, 120.
MST (Movimento dos
    Trabalhadores Rurais Sem
    Terra) 56, 146.

natureza 17, 23, 25, 27, 79-80, 96,
    108, 153.
Neoliberalismo 96-7, 99, 152-3.
Nicarágua 119.

pequena produção de mercadorias
    38, 64, 124-6, 129, 133,
    135-6, 146,
Peru 43, 47, 56, 119.
plantações 43, 48, 50, 53, 56, 58,
    61-4, 80-1, 113, 118, 132, 144.
    industriais 62-3, 81-3,
pobreza 14, 21, 59, 90, 119, 131.
Polanyi 116, 125.
Portugal 48-9, 51, 68.
povos indígenas 48, 53-5, 117.
Privatização 101, 150.
Prússia 36-40.

Quênia 43, 61.

Regime Alimentar
    primeiro 79-80, 83, 87, 104-5,
        154.
    segundo 85, 87, 97, 99, 104, 154.
reprodução 5, 8, 23-5, 27-30, 32 ,
    42, 78, 101, 104, 107, 113-4,
    123, 125-8, 130-2, 135-6, 140,
    149-55.
resistência 99, 115, 141.
    agrária global 107, 115-6, 123,
        145, 147.
    formas cotidianas de 115-6,
        134, 142.
Revolução Verde 11-2, 89-90,
    92, 129.
Rússia (também URSS, União
    Soviética) 37, 67-8, 85, 97-8,
    104-5, 116, 119, 144,

senhor/proprietário de terras 11-3,
    34-5, 37-8, 40-1, 54-5, 57-8, 76,

83, 104, 116, 118, 120, 133,
    151, 154.
setor agrícola 73-4, 77-8, 83, 85-8,
    91, 99, 101, 108, 111, 134, 137,
    149.
gêneros sexuais
    diferenciação 12, 14, 24, 25, 140-
        3, 150.
    divisões 25, 126, 129, 141-4, 151.
    social/sociais 12, 14, 25, 26, 129,
        140-3
    movimentos 142.
    produção 25, 129.
    relações entre os 12, 25, 75, 129,
        140-3, 154-5.
    violência entre os 14, 140-3
sociedade pré-capitalista 8-9, 34-5,
    66-8, 70, 160.
subdesenvolvimento 67.
subsistência 5, 7-9, 26, 32, 34-6, 42,
    52-4, 59, 61-4, 66, 78, 83, 104,
    117-8, 123, 126-7, 150, 152-4.
superprodução 31, 86, 93, 97-8, 154.

Tanzânia 10, 12-4, 91.
tecnologia 9, 14, 18, 20-1, 23, 75, 93,
    95, 100, 129, 151, 153.
terra
    cercamento 36, 39, 105-6, 125,
        149-50.
    expropriação 35, 39-40, 42, 45,
        57-8, 60, 64, 104, 107, 115,
        124.
    reforma 40, 89, 118-21, 146.
trabalho/mão de obra

assalariado 12, 36-7, 45, 54-5,
    64-5, 84, 113, 120, 125, 135-
    7, 139.
divisão social do 22, 25, 29, 30,
    49, 75, 77-8, 81, 136, 143,
    151, 154.
divisão técnica do 22-3, 25, 77,
    81, 150-1.
doméstico 25, 30, 154-5.
excedente de 27-8, 30, 33, 152-3.
exploração do 14, 26-8, 34, 42,
    45, 69, 105, 111, 113, 124,
    141, 143, 150-1, 153.
familiar 9, 65-6, 77, 110, 112,
    123-4, 128, 131, 152-3.
produtividade do 18-21, 69, 79,
    86, 114, 153-4.
regime de 43-4, 54, 64-6, 69,
    139, 144, 154.
sem terra 12-3, 35, 43-4, 55-6,
    63, 131, 135-6, 146.
transição agrária 34-42, 44, 66-8.
tributação 39-40, 59, 61.

Uganda 134.
urbano 131, 136, 141, 147.
Uruguai 19, 54-6, 98.
usufruto (direito a) 11, 13, 151.

Via Campesina 56, 145-6.
Vietnã 90, 116, 118-9, 144.

Zâmbia 61.
Zimbábue 61.

SOBRE O LIVRO

Formato: 14 x 21 cm
Mancha: 23 x 40 paicas
Tipologia: Horley Old Style 10,5/14
Papel: Offset 75 g/m^2 (miolo)
Cartão Supremo 250 g/m^2 (capa)
1ª edição: 2011

EQUIPE DE REALIZAÇÃO

Capa
Estúdio Bogari

Imagem de capa
Douglas Mansur

Edição de Texto
Frederico Ventura (copidesque)
Silvio Nardo (preparação de original)
Thaisa Burani (revisão)

Editoração eletrônica
Sergio Gzeschnik

Assistência Editorial
Alberto Bononi